- Kümme käsku -

Jumala Seadus

Dr Jaerock Lee

*„Kui te armastate mind,
siis pidage mu käske."*

(Johannese 14:15)

Jumala Seadus Autor: Dr Jaerock Lee
Kirjastaja: Urim Books (Esindaja: Seongnam Vin)
73, Yeouidaebang-ro 22-gil, Dongjak-gu,Sõul, Korea
www.urimbooks.com

Autoriõigusele allutatud. Seda raamatut või selle osasid ei ole lubatud kirjastaja kirjaliku loata mingil kujul reprodutseerida, otsingusüsteemis säilitada ega edastada mingil kujul ega mingite elektroonsete, mehaaniliste vahenditega sellest fotokoopiaid ega salvestusi teha ega seda mingil muul viisil edastada.

(Piiblitsitaadid: Piibel, Tallinn, 1997 – Eesti Piibliseltsi väljaanne)

Autoriõigus © 2016 Dr Jaerock Lee
ISBN: 979-11-263-0523-0 03230
Tõlke autoriõigus © 2014 Dr Esther K. Chung. Kasutatud autori loal.

Eelnevalt avaldatud korea keeles: Urim Books, 2007

Esmaväljaanne Jaanuaril, 2020

Toimetaja: Dr Geumsun Vin
Kujundaja: Urim Books toimetusbüroo
Trükkija: Prione Priting Company
Lisateabeks võtke palun ühendust aadressil: urimbook@hotmail.com

Eessõna

Kui ma teenin inimesi, esitatakse mulle palju küsimusi nagu „Kus on Jumal?" või „Näita mulle Jumalat" või „Kuidas ma saan Jumalaga kohtuda?" Inimesed esitavad neid küsimusi, sest nad ei tea, kuidas Jumalaga kohtuda. Aga Jumalaga kohtumine on palju lihtsam, kui me arvame. Me võime Jumalaga kohtuda lihtsalt Tema käsuseadusi tundma õppides ja neile kuuletudes. Aga kuigi paljud teavad seda oma peaga, ei kuuletu nad käskudele, sest nad ei mõista igas käsus olevat vaimset tähendust, mis tuleb Isa sügavast armastusest meie vastu.

Samamoodi nagu inimene vajab ühiskonnaga silmitsi seisma hakkamiseks korralikku haridust, vajab ka jumalalaps Taevaga silmitsi seisma hakkamiseks õiget haridust. Siin tulevad mängu Jumala käsuseadused. Jumala käsuseadusi või Tema kümmet käsku tuleks õpetada igale uuele jumalalapsele ja iga kristlase elus rakendada. *Jumala Seadus* räägib käsuseadustest – teest, mille

Jumal lõi meie jaoks, et me Temale lähemale tuleksime, saaksime Temalt palvevastused ja oleksime Temaga koos. Teiste sõnadega, *Jumala Seaduse* tundmaõppimine on meie pilet kohtumisele Jumalaga.

Umbes 1446 e.m.a., kohe pärast iisraellaste Egiptusest lahkumist, tahtis Jumal neid viia maale, mis voolas piima ja mett ja mida tunti ka Kaananimaana. Selle sündimiseks oli iisraellastel vaja Jumala tahtest aru saada ja nad pidid ka teadma jumalalapseks saamise tõelist tähendust. Sellepärast Jumal graveeris kahele kivitahvlile armastavalt kümme käsku, mis võtab kokkuvõtlikult kokku kõik Ta seadused (2. Moosese raamat 24:12). Siis Ta andis need kivitahvlid Moosesele, et ta võiks iisraellastele nende jumalalapse kohuseid õpetades teada anda, kuidas liikuda sinna, kuhu Jumal neid viia tahtis ehk täpsemalt Tema ligiollu.

Umbes kolmkümmend aastat tagasi õppisin ma pärast elava

Jumalaga kohtumist koguduses käies ja iga võimalikku äratust otsides, tundma ja täitma Tema seadusi. Ma alustasin suitsetamisest ja joomisest loobumisega ja õppisin ka hingamispäeva pühitsema, ustavalt kümnist andma, palvetama jms. Ma hakkasin väikeses märkmikus maha kriipsutama patte, millest ma ei suutnud otsekohe vabaneda. Siis ma palvetasin ja paastusin ja palusin, et Jumal aitaks mul oma käske täita. Ma sain selle tagajärjel hämmastava õnnistuse osaliseks!

Esiteks, Jumal õnnistas meie perekonda füüsiliselt, et mitte keegi meie seast ei haigestunud kunagi. Siis andis Ta meile nii palju rahalisi õnnistusi, et me saime vabalt keskenduda abivajajate aitamisele. Viimaks kallas Ta minu üle nii palju vaimseid õnnistusi, et ma suudan nüüd juhtida ülemaailmset teenistust, mille eesmärgiks on ülemaailmne evangelism ja misjonitöö.

Kui te õpite Jumala käsuseadusi tundma ja kuuletute neile, ei ole te üksnes edukas igas eluvaldkonnas, aga kui te sisenete igavesse jumalariiki, võite te ka kogeda au, mis on kirgas nagu päike.

Käesolev raamat *Jumala Seadus* on kohe minu teenistuse alguses paastudes ja palvetades saadud Jumala Sõna ja „Kümne käsu" inspiratsioonil põhineva jutlusteseeria kogumik. Nende sõnumite abil hakkasid paljud usklikud mõistma Jumala armastust, elama Tema käsuseadustele kuulekat elu ja olid seetõttu vaimselt ja igas oma eluvaldkonnas edukad. Lisaks, paljud usklikud said vastuse igale oma palvele. Kõige tähtsam on see, et nad kõik said suurema taevalootuse osalisteks.

Seega, kui te saate teada käesolevas raamatus selgitatud kümne käsu vaimsest tähendusest ja hakkate mõistma meile kümme käsku andnud Jumala sügavat armastust ja otsustate elada Tema käskudele kuuletudes, võin ma garanteerida, et te saate Isanda kirjeldamatute õnnistuste osaliseks. 5. Moosese raamatus 28:1-2 öeldakse, et te olete igal ajal õnnistatud: „*Ja kui sa tõesti kuulad Isanda, oma Jumala häält ja pead hoolsasti kõiki Tema käske, mis ma täna sulle annan, siis tõstab sind Isand, su Jumal, kõrgemaks kõigist rahvaist maa peal. Ja kõik need õnnistused saavad sulle osaks ja tabavad sind, kui sa võtad kuulda Isanda, oma Jumala häält.*"

Ma tahaksin tänada Urim Books toimetusbüroo direktorit Geumsun Vini ja tema meeskonnaliikmeid nende kirjeldamatu andumuse ja hindamatu koostöö eest käesoleva raamatu tegemise käigus. Ma palun ka meie Isanda nimel, et kõik inimesed, kelle kätesse see raamat sattub, hakkasid lihtsalt mõistma Jumala seadusi ja kuuletuksid Tema käskudele, et neist saaksid veelgi rohkem armastatud ja seega rohkem õnnistatud jumalalapsed!

Jaerock Lee

Sissejuhatus

Me täname kõige eest Isa Jumalat, kes lasi meil käesolevasse raamatusse *Jumala Seadus* koguda kümne käsu õppetunnid, kus sisaldub Jumala süda ja tahe.

Esiteks annab „Kümnes käsus sisalduv Jumala armastus" lugejale vajaliku taustainfo kümne käsu kohta ja vastab küsimusele: „Mida kümme käsku täpselt tähendavad?" See peatükk selgitab ka, et Jumal andis meile kümme käsku, sest Ta armastab meid ja tahab meid lõpptulemusena õnnistada. Seega, kui me kuuletume igale käsule Jumala armastuse väes, saame me kõik õnnistused, mis Tal meie jaoks varuks on.

Peatükis „Esimene käsk" saame me teada, et kui keegi armastab Jumalat, suudab ta Tema käsuseadustele lihtsalt kuuletuda. Selles peatükis vaadeldakse ka küsimust, miks Jumal käsib esimeses käsus, et meil ei tohi Tema kõrval teisi jumalaid olla.

„Teises käsus" räägitakse, kui tähtis on, et me ei kummardaks kunagi väärasid ebajumalaid — või vaimses mõttes — et me ei armastaks midagi rohkem kui Jumalat. Me võime siin samuti teada saada, missugused vaimsed tagajärjed on ebajumalakummardamisel ja selle mitte tegemisel ja vaimsetest õnnistustest ja needustest, mis meie elu tolle tagajärjel tabavad.

„Kolmanda käsu" peatükis selgitatakse, mida tähendab Isanda nime asjatult kasutamine ja mida me peaks selle vältimiseks tegema.

„Neljandas käsus" saame me teada, mida tähendab tegelikult „hingamispäev" ja miks hingamispäev liikus Vanast Testamendist Uude Testamenti minnes laupäevalt pühapäevale. Selles peatükis selgitatakse samuti, kuidas me peaksime hingamispäeva pühaks pidama ja millised on selle tegemise kolm peamist viisi. Selles peatükis kujutatakse ka tingimusi, mis on selle käsuseaduse suhtes erandlikud — kui hingamispäeval lubatakse teha tööd ja äritehinguid.

„Viiendas käsus" selgitatakse üksikasjalikult, kuidas vanemaid tuleks jumalikult austada. Me saame ka teada, mida tähendab meie vaimu Isa – Jumalat austada ja kuidas meid õnnistatakse, kui me austame Tema tõe läbi Teda ja oma füüsilisi vanemaid.

„Kuuendat käsku" käsitlev peatükk koosneb kahest osast: esimeses osas keskendutakse füüsilise mõrvamise patule ja teises osas selgitatakse vaimselt inimsüdames tehtavat mõrvapattu, mille tegemises paljud usklikud on süüdi, aga mille tegemisest nad saavad harva aru.

„Seitsmes käsk" käsitleb füüsilise abielurikkumise pattu ja inimsüdames või mõtetes abielurikkumist, mis on neist kahest patust tegelikult hirmsaim. Selles peatükis vaadeldakse ka selle patu tegemise vaimset tähendust ja palve ja paastu protsessi, millega on võimalik Püha Vaimu ja Jumala armu ja väe abil sellest patust vabaneda.

„Kaheksandas käsus" kirjeldatakse füüsilise varguse

määratlust ja vaimse varguse määratlust. Selles peatükis selgitatakse ka spetsiaalselt, kuidas inimene võib teha Jumalalt varastamise pattu, jättes oma kümnise ja ohvriannid andmata ja isegi Jumala Sõna vääriti käsitledes.

„Üheksandas käsus" räägitakse kolmest erinevast valetunnistuse andmise viisist ehk valetamisest. Selles peatükis toonitatakse ka, kuidas südame tõega täitmise teel inimsüdamest pettuse juurt eemaldada.

„Kümnendas käsus" selgitatakse juhtumeid, mil me võime oma ligimest himustades pattu teha. Me saame ka teada, et tõeline õnnistus tähendab hinge head olukorda, sest kui meie hinge lugu on hea, on meie iga eluvaldkond õnnistatud ja edukas.

Lõpuks, viimases peatükis – „Jumalas püsimise seadus" – saame me käsuseaduse armastusega täitnud Jeesuse Kristuse teenistust tundma õppides teada, et meil peab Jumala Sõna täitmiseks armastus olema. Me õpime samuti tundma armastust, mis ületab isegi õigluse.

Ma loodan, et see tekst aitab teil – lugejal – kümne käsu vaimset tähendust selgelt mõista. Ma palun, et te võiksite alati olla Isanda kirkas ligiolus, kui te kuuletute Isanda käskudele. Ja ma palun ka meie Isanda nimel, et te jõuaksite Tema käsuseadust täites oma vaimses elus kohta, kus te saate iga palvevastuse ja iga teie eluvaldkond on Tema õnnistustest tulvil!

Geumsun Vin
Toimetusbüroo direktor

Sisukord

Eessõna
Sissejuhatus

1. peatükk
Kümnes käsus sisalduv Jumala armastus — 1

2. peatükk Esimene käsk
„Sul ei tohi olla muid jumalaid minu palge kõrval" — 11

3. peatükk Teine käsk
„Sa ei tohi enesele teha mingisugust kuju
ega seda kummardada" — 27

4. peatükk Kolmas käsk
„Sa ei tohi Isanda,
oma Jumala nime asjata suhu võtta" — 47

5. peatükk Neljas käsk
„Pea meeles, et sa pead hingamispäeva pühitsema!" — 63

6. peatükk Viies käsk
„Sa pead oma isa ja ema austama" — 81

7. peatükk Kuues käsk
„Sa ei tohi tappa!" 93

8. peatükk Seitsmes käsk
„Sa ei tohi abielu rikkuda!" 107

9. peatükk Kaheksas käsk
„Sa ei tohi varastada!" 123

10. peatükk Üheksas käsk
„Sa ei tohi tunnistada oma ligimese vastu
valetunnistajana!" 137

11. peatükk Kümnes käsk
„Sa ei tohi himustada oma ligimese koda!" 151

12. peatükk
Jumalas püsimise seadus 165

1. peatükk

Kümnes käsus sisalduv Jumala armastus

2. Moosese raamat 20:5-6

„Sa ei tohi neid kummardada ega neid teenida, sest mina, Isand, sinu Jumal, olen püha vihaga Jumal, kes vanemate süü nuhtleb laste kätte kolmanda ja neljanda põlveni neile, kes mind vihkavad, aga kes heldust osutab tuhandeile neile, kes mind armastavad ja mu käske peavad!"

Neli tuhat aastat tagasi valis Jumal Aabrahami usuisaks. Jumal õnnistas Aabrahami ja tegi temaga lepingu ning lubas, et tema sugu saab olema „sama arvukas nagu tähed taevas ja liiv mererannas." Ja oma ajal moodustas Jumal ustavalt Aabrahami pojapojast Jaakobist Iisraeli rahva. Jumala ettehoolde kaudu kolis Jaakob näljahäda vältimiseks oma poegadega Egiptusesse ja elas seal nelisada aastat. Kõik see oli osa Jumala armastavast plaanist nende kaitseks paganarahvaste eest, kuni nad said suuremaks ja tugevamaks rahvaks.

Jaakobi perekond kasvas esialgsest seitsmekümnest inimesest — alguses, kui nad Egiptusesse kolisid — rahvuse moodustamiseks piisavalt rohkearvuliseks. Ja kui see rahvus muutus tugevamaks, valis Jumal ühe Moosese nimelise isiku, kellest sai iisraellaste juht. Siis viis Jumal need inimesed tõotatud Kaananimaale, mis voolas piima ja mett.

Kümme käsku olid Jumala armastavad sõnad iisraellastele ajal, kui Ta juhatas neid Tõotatud maale.

Selleks, et iisraellased võiksid minna õnnistatud Kaananimaale, pidid nad vastama kahele tingimusele: neil pidi olema usk Jumalasse ja nad pidid Talle kuuletuma. Aga ilma kehtestatud usu ja kuulekuse standardita ei oleks nad usu ja kuulekuse tegelikku tähendust mõistnud. Sellepärast andis Jumal nende juhi Moosese kaudu neile kümme käsku.

Kümme käsku on reeglite kogum, millega seatakse inimestele standard, mida järgida, kuid Jumal ei sundinud neid autokraatselt nendest käskudest kinni pidama. Üksnes pärast inimestele oma imeväe näitamist ja neil seda kogeda laskmist — Egiptusesse kümne nuhtluse saatmise kaudu, Punast merd lõhestades, Maara mõru vett joogiveeks muutes, iisraellasi manna ja vuttidega toites — andis Ta neile kümme käsku, mille järgimist Ta ootas.

Siin on kõige olulisem teabekild see, et iga Jumala Sõna, kaasa arvatud kümme käsku, ei antud Tema armastuse ja õnnistuste saamise otseteena üksnes iisraellastele, vaid igaühele, kes tänapäeval Teda usub.

Käsuseadused andnud Jumala süda

Lapsi kasvatavad vanemad õpetavad lastele arvukaid reegleid nagu näiteks „sa pead pärast väljas mängimist oma käed puhtaks pesema" või „maga alati teki all" või „ära kunagi ületa teed punase tulega."

Vanemad ei pommita oma lapsi kogu aeg nende reeglitega, et nende elu raskeks teha. Nad õpetavad lastele kõiki neid reegleid armastusest oma laste vastu. Vanemad soovivad loomupäraselt oma lapsi haiguste ja hädaohtude eest kaitsta, neid turvaliselt hoida ja aidata neil kogu eluaja jooksul rahulikult elada. Sellepärast andis ka Jumal meile – oma lastele – kümme käsku.

Ta tegi seda armastusest meie vastu.

2. Moosese raamatus 15:26 ütleb Jumal: „*Ja Ta ütles: Kui sa tõesti kuulad Isanda, oma Jumala häält ja teed, mis õige on Tema silmis, paned tähele Tema käske ja täidad kõiki Tema korraldusi, siis ma ei pane su peale ainsatki neist tõbedest, mis ma panin egiptlaste peale, sest mina olen Isand, su ravija.*"

3. Moosese raamatus 26:3-5 ütleb Ta: „*Kui te käite mu seaduste järgi ning peate mu käske ja teete nende järgi, siis ma annan teile vihma õigel ajal ning maa annab oma saagi ja puud väljal annavad oma vilja; rehepeks kestab teil viinamarjalõikuseni ja viinamarjalõikus kestab külviajani: te saate leiba süüa küllastuseni ja elada oma maal julgesti.*"

Jumal andis meile käsuseadused, et me võiksime teada, kuidas Temaga kohtuda, Tema õnnistused ja palvevastused saada ning lõpptulemusena rahulikult ja rõõmsalt elada.

Teine põhjus, miks me peame kuuletuma Jumala käsuseadustele, kaasa arvatud kümnele käsule, seisneb vaimumaailma seaduste õigluses. Nii nagu igal riigil on oma seadused, on jumalariigil Jumala kehtestatud vaimsed seadused. Kuigi Jumal lõi universumi ja Tema on Looja, kes valitseb täiesti elu, surma, needusi ja õnnistusi, ei ole Ta totalitaarne. Sellepärast peab Ta neist seadustest ise rangelt kinni, kuigi Ta on seaduste Looja.

Täpselt nii nagu meie täidame seadusi sellel maal, mille

kodanikud me oleme, kui me oleme Jeesuse Kristuse oma Päästjaks vastu võtnud ja meist on saanud jumalalapsed, peaksime me Jumala ja jumalariigi seadustest õiguspäraselt kinni pidama.

1. Kuningate raamatus 2:3 kirjutatakse: „*Pea, mida Isand, su Jumal, on käskinud pidada, käies tema teedel, pidades Tema määrusi, käske, seadlusi ja manitsusi, nõnda nagu Moosese Seaduses on kirjutatud, et sa võiksid targasti teha kõike, mida sa teed, ja kõikjal, kuhu sa pöördud.*"

Jumala käsuseadustest kinni pidamine tähendab kuuletumist Piiblisse kirja pandud Jumala Sõnadele, kaasa arvatud kümnele käsule. Kui nendest seadustest kinni pidada, võite te olla Jumala kaitsealune ja olete kõikjal, kuhu te lähete, õnnistatud ja edukas.

Vastupidi, kui te ei pea Jumala seadustest kinni, on vaenlasel saatanal õigus teie ellu kiusatusi ja raskusi tuua, seega Jumal ei saa teid kaitsta. Jumala käsuseaduste rikkumine on patt ja seega on tegu teid lõpuks põrgusse viiva patu ja saatana orjaks saamisega.

Jumal tahab meid õnnistada

Seega, Jumal andis meile kümme käsku, sest Ta armastab meid ja tahab meid õnnistada. Ta ei taha üksnes seda, et meil oleksid igavesed taevased õnnistused, aga Ta tahab, et me oleksime ka maa peal õnnistatud ja meil oleks hea käekäik.

Kui me mõistame seda Jumala armatust, võime me olla üksnes tänulikud, et Jumal andis meile käsuseaduse ja Tema käskudele rõõmuga kuuletuda.

Me võime näha, et kui lapsed saavad tõesti aru, kui palju vanemad neid armastavad, püüavad nad väga vanemate sõna kuulata. Isegi kui neil see ei õnnestu ja neid kutsutakse korrale, võivad nad öelda, saades aru, et vanemad tegutsevad armastusest nende vastu: „Emme, issi, ma püüan järgmisel korral paremini teha" ja nad jooksevad armastavalt oma vanemate käte vahele. Ja kui nad jõuavad täiskasvanuikka ja mõistavad oma vanemate armastust ja muret paremini, püsivad lapsed oma vanematelt õpitu juures, et neile rõõmu valmistada.

Vanemate tõeline armastus annab neile lastele kuuletumiseks väe. See on sama, mis püsimine kõigis Piiblisse kirjutatud Jumala Sõnades. Inimesed püüavad kogu südamest elada käsuseaduste kohaselt, kui nad saavad aru, et Jumal armastas meid nii palju, et Ta saatis oma ainusündinud Poja Jeesuse Kristuse siia maailma meie eest ristisurma surema.

Tegelikult, mida rohkem me usume tõsiasja, et Jeesus Kristus, kelles ei olnud mingisugust pattu, võttis oma kanda igasuguse tagakiusu, kui Ta suri meie pattude eest ristil, siis seda suurema rõõmuga me kuuletume neile käsuseadustele.

Õnnistused, mille osalisteks me saame, kui me peame Tema käsuseadusi

Meie usuisad, kes kuuletusid igale Jumala Sõnale ja elasid rangelt Tema käsuseaduste kohaselt, olid väga õnnistatud ja austasid Isa Jumalat kogu südamest. Ja täna särab neist igavest tõevalgust, mis ei kustu kunagi.

Aabraham, Taaniel ja apostel Paulus on mõned neist usuinimestest. Ja isegi täna leidub usuinimesi, kes jätkavad nende inimeste tegusid.

Näiteks, Ameerika Ühendriikide kuueteistkümnes president Abraham Lincoln oli vaid üheksakuise kooliharidusega, aga paljud inimesed armastavad teda tänapäeval ta kiiduväärt iseloomu ja vooruslike omaduste tõttu. Abrahami ema Nancy Hanks Lincoln suri, kui Lincoln oli vaid üheksa aastane, aga ta õpetas oma eluaja jooksul Abrahami lühikesi piiblisalme meeles pidama ja Jumala käsuseadustele kuuletuma.

Kui ema teadis, et ta oli surmaga silmitsi, kutsus ta poja ja ütles talle enne lahkumist oma viimased sõnad: „Ma tahan, et sa armastaksid Jumalat ja kuuletuksid Ta käsuseadustele." Kui Abraham Lincoln jõudis täiskasvanuikka ja temast sai kuulus poliitik, kes muutis ajalugu orjust tühistades, olid kuuskümmend kuus Piibli raamatut alati ta kõrval. Jumal demonstreerib inimestele, kes on nagu Lincoln ja kes püsivad Jumala lähedal ning jäävad Tema Sõnasse, oma armastuse tõendeid.

Varsti pärast koguduse alustamist külastasin ma kaua aega abielus olnud abielupaari, kes ei saanud lapsi. Ma juhtisin Püha Vaimu abiga ülistust ja õnnistasin seda abielupaari. Siis palusin ma neilt midagi. Ma palusin, et nad pühitseksid hingamispäeva Jumalat igal pühapäeval ülistades, kümnist andes ja kümnest käsust kinni pidades.

See alles usklikuks saanud paar hakkas Jumala käskude kohaselt igal pühapäeval ülistamas käima ja kümnist andma. Selle tulemusel said nad lastesünnitamise õnnistuse ja neil sündisid terved lapsed. Sellele lisaks said nad ka suurte finantsõnnistuste osaliseks. Nüüd teenib abielumees kogudusevanemana ja kogu perekond toetab väga abitööd ja evangeeliumi kuulutamist.

Jumala käsuseadustest kinni pidamine sarnaneb täielikus pimeduses lambist kinnihoidmisele. Kui meil on ereda valgusega lamp, ei pea me muretsema pimedas millegi otsa komistamise pärast. Samamoodi, kui Jumal, kes on valgus, on meiega, kaitseb Ta meid igasugustes oludes ja me võime kogeda kõigile jumalalastele kuuluvaid õnnistusi ja meelevalda.

Iga palvevastuse saamise tee

1. Johannese 3:21-22 öeldakse: *„Armsad, kui meie süda ei süüdista, siis on meil julgus Jumala ees ja mida me iganes palume, seda me saame Temalt, sest me peame Tema käske ja teeme, mis on Tema silmis meelepärane."*

Kas pole suurepärane teada, et kui me lihtsalt kuuletume Piiblisse kirja pandud käskudele ja teeme seda, mis on Jumalale meelepärane, võime me Tema käest julgelt kõike paluda ja Ta vastab meile. Jumal on tõenäoliselt väga rõõmus, kui Ta näeb oma lõõmavate silmadega oma kuulekaid lapsi ja võib vaimumaailma seaduste kohaselt igale nende palvele vastata.

Sellepärast on kümme käsku nagu armastuse õpik, mis õpetab meid maapealse kasvamise ajal Jumala õnnistuste vastuvõtmise parimat viisi tundma. Käskudes õpetatakse meile, kuidas vältida hädasid ja õnnetusi ja kuidas olla õnnistatud.

Jumal ei andnud käsuseadusi, et karistada Talle sõnakuulmatuid, vaid selleks, et me võiksime Tema käsuseadustele kuuletudes kogeda Tema ilusa taevariigi igavesi õnnistusi (1. Timoteosele 2:4). Kui te hakkate tundma ja mõistma Jumala südant ja Tema käsuseaduste kohaselt elama, võite te saada isegi Tema suurema armastuse osaliseks.

Pealegi, kui te uurite iga käsku lähemalt ja kui te kuuletute täiesti igale käsule jõuga, mida Jumal armastavalt annab, peaksite te olema suutelised Temalt iga soovitud õnnistust saama.

2. peatükk

Esimene käsk

„Sul ei tohi olla muid jumalaid minu palge kõrval"

2. Moosese raamat 20:1-3

Ja Jumal kõneles kõik need sõnad, öeldes:
„Mina olen Isand, sinu Jumal, kes sind tõi välja Egiptusemaalt, orjusekojast. Sul ei tohi olla muid jumalaid minu palge kõrval!"

Kaks inimest, kes armastavad teineteist, tunnevad rõõmu lihtsalt koosolemisest. Sellepärast ei tunne kaks armastajat keset talve koos olles isegi külma ja sellepärast suudavad nad teha seda, mida teine neil teha palub, hoolimata sellest, kui raske see ülesanne ka poleks, kui see valmistab teisele rõõmu. Isegi kui nad peavad end teise inimese pärast ohverdama, tunnevad nad head meelt, et nad saavad teisele midagi teha ja nad on õnnelikud, kui nad näevad teise inimese näol peegelduvat rõõmu.

See sarnaneb meie armastusega Jumala vastu. Kui me tõesti armastame Jumalat, siis ei tohiks Tema käsuseaduste täitmine olla meile koormaks, vaid see peaks pigem meile rõõmu valmistama.

Kümme käsku, mida jumalalapsed peaksid täitma

Tänapäeval küsivad paljud inimesed, kes kutsuvad end usklikuks: „Kuidas me suudame täita kõiki Jumala kümnest käsust?" Teoreetiliselt nad ütlevad, et kuna inimesed ei ole täiuslikud, ei saa nad mingil moel täielikult kümnele käsule kuuletuda. Me võime vaid püüda kõigile käskudele kuuletuda.

Aga 1. Johannese 5:3 kirjutatakse: *„See ongi Jumala armastamine, et me peame Tema käske, ja Tema käsud ei ole rasked."* See tähendab, et meie kuulekus Jumala käsuseadustele tõendab meie armastust Tema vastu ja Ta käsuseadused ei ole nii rasked, et me ei suudaks neile kuuletuda.

Vana Testamendi ajal pidid inimesed oma tahte ja jõu varal käskudest kinni pidama, aga tänapäeval – Uue Testamendi ajal, saab igaüks, kes võtab Jeesuse Kristuse oma Päästjaks vastu, Püha Vaimu anni, kes aitab tal kuuletuda.

Püha Vaim on Jumalaga sama ja Pühal Vaimul on Jumala südamena jumalalaste aitamise roll. Sellepärast Püha Vaim teeb vahel meie eest eestpalvet, trööstib meid, juhatab meie tegevust ja valab meie peale Jumala armastust, et me suudaksime võidelda patu vastu verevalamsieni ja Jumala tahte kohaselt tegutseda (Apostlide teod 9:31, 20:28; Roomlatele 5:5, 8:26).

Kui me saame Pühalt Vaimult jõudu, suudame me põhjalikult mõista meile oma ainusündinud Poja andnud Jumala armastust ja siis suudame me lihtsalt kuuletuda sellele, mida me ei suutnud oma tahte ja jõu varal teha. Ka praegu leidub inimesi, kes ütlevad, et Jumala käskudele on raske kuuletuda ja kes isegi ei püüa neid täita ja nad jätkavad patuelu. Need inimesed ei armasta tegelikult Jumalat kogu südamest.

1. Johannese 1:6 öeldakse: *„Kui me ütleme: „Meil on osadus Temaga", kuid käime pimeduses, siis me valetame ega tee tõtt"* ja 1. Johannese 2:4 öeldakse: *„Kes ütleb: „Mina tunnen Teda", aga ei pea Tema käske, see on valetaja ja temas ei ole tõde."*

Kui Jumala Sõna, mis on tõde ja eluseeme, on kellegi sees,

ei saa see inimene pattu teha. Teda juhitakse tões elama. Seega, kui keegi väidab end Jumalat uskuvat, aga ei pea Tema käske, tähendab see, et temas ei ole tõde ja Ta on Jumala silmis valetaja.

Aga mis on siis kõige esimene käsk, mida jumalalapsed pidama peaksid ja mis tõendab nende armastust Jumala vastu?

„Sul ei tohi olla muid jumalaid minu palge kõrval"

„Sina" tähistab siin Moosest, kes sai Jumalalt kümme käsku otse, iisraellasi, kes said käsud Moosese kaudu ja kõiki jumalalapsi tänapäeval, kes on päästetud Isanda nime kaudu. Miks te arvate, et Jumal käskis esimeses käsus, et Ta rahval ei tohtinud olla muid jumalaid Tema palge kõrval?

See sündis, sest ainult Jumal on tõeline üksainus elav Jumal ja kõigeväeline universumi Looja. Samuti, üksnes Jumal valitseb ülimuslikult kogu universumi, inimajalugu, elu ja surma ja annab inimesele tõelise ja igavese elu.

Jumal päästis meid selle maailma patuküthest. Sellepärast ei tohi meil oma südames üheainsa Jumala kõrval muid jumalaid olla.

Aga paljud rumalad inimesed eemalduvad Jumalast ja veedavad oma elu paljusid ebajumalaid kummardades. Mõned kummardavad Buddha kuju, mis ei pilguta isegi silma, mõned kivisid, on inimesi, kes kummardavad vanu puid ja leidub ka neid, kes seisavad põhjapooluse suunaliselt ja kummardavad seda. Mõned inimesed kummardavad loodust ja nad hüüavad surnud inimesi ebajumalateks tehes väga paljude ebajumalate nimesid appi. Igast rassist ja rahvusest inimestel on hulk oma ebajumalaid. Räägitakse, et juba üksnes Jaapanis on nii palju ebajumalaid, et neil on kaheksa miljonid erinevat jumalat.

Seega, miks te arvate, et inimesed teevad kõiki neid valejumalaid ja kummardavad neid? See sünnib, sest nad otsivad enese trööstimise moodust või nad järgivad lihtsalt oma esivanemate vanu kombeid, mis juhtuvad olema valed. Või neil võib olla ka isekas soov paljude eri jumalate kummardamise kaudu rohkem õnnistusi saada või paremat õnne leida.

Aga me peame tegema endale selgeks, mingil muul jumalal peale Looja Jumala ei ole võimet meid õnnistada, veelgi enam meid päästa.

Looja Jumala tõendid looduses

Roomlastele 1:20 kirjutatakse: *„Tema nähtamatu olemus, Tema jäädav vägi ja jumalikkus on ju maailma loomisest peale nähtav, kui mõeldakse Tema tehtule, nii et nad ei saa endid vabandada."* Kui me vaatame universumi põhimõtteid, võime me absoluutse Looja ja üheainsa Looja Jumala olemasolu näha.

Näiteks, kui me vaatame maapealset inimsugu, on kõigi inimeste ihud sama ülesehituse ja funktsiooniga. Hoolimata sellest, kas inimene on must või valge või mis rassist ta on või milliselt maalt ta on pärit, on inimesel kaks silma, kaks kõrva, üks nina ja üks suu, mis asetsevad näo peal enam-vähem samas kohas. Lisaks, ka loomadega on sama lugu.

Elevandid on pika londiga loomad. Aga pidage meeles, kuidas neil on üks nina ja kaks ninasõõret. Pikakõrvalistel jänestesl ja metsikutel lõvidel on samuti samapalju silmi, suu ja kõrvad, mis asetsevad samas kohas, kus inimestel. Arvukad elusorganismid nagu näiteks loomad, kalad, linnud ja isegi putukad on — välja arvatud nende eriomadused, mis eristavad neid üksteisest — sama füüsilise kehaehituse ja funktsiooniga. See tõendab, et eksisteerib vaid üks looja.

Loomulikud nähtused tõendavad samuti selgelt Looja Jumala olemasolu. Maa teeb korra päevas täispöörde oma telje ümber ja kord aastas tiirleb maa ümber päikese ning kord kuus kuu pöörleb ja tiirleb ümber maa. Nende pöörlemiste ja pöörete tõttu võib meil regulaarselt palju loodusnähtusi esineda. Meil on öö ja päev ja neli erinevat aastaaega. Mel on tõus ja mõõn ja soojuslike muudatuste tõttu kogeme me atmosfääri ringvoolu.

Maa asukoht ja liikumine teeb selle planeedi inimkonna ja kõigi elusorganismide ellujäämiseks täiuslikuks elupaigaks. Päikese ja maa vaheline kaugus ei oleks saanud olla väiksem ega suurem. Päikese ja maa vaheline kaugus on aja algusest peale alati olnud kõige täiuslikum ja maa pöörlemine ja pöörded ümber päikese on toimunud väga kaua vähimagi veata.

Kuna universum loodi ja toimib Jumala tarkuse läbi, juhtub igapäevaselt väga palju kujuteldamatuid asju, mida inimene ei suuda kunagi mõista.

Kõigi nende selgete tõendite olemasolu juures ei saa mitte keegi viimasel kohtupäeval end välja vabandada sõnadega: „Ma ei suutnud uskuda, sest ma ei teadnud, et Jumal on tegelikult olemas."

Ühel päeval palus Sir Isaac Newton kogenud mehaanikul ehitada päikesesüsteemi keeruline mudel. Ühel päevaö külastas teda ateistist sõber ja nägi päikesesüsteemi mudelit. Ta ei mõtelnud palju ja keeras käepidet ning sündis midagi täiesti hämmastavat. Iga mudelis olev planeet hakkas eri kiirusega päikese ümber tiirlema!

Sõber ei suutnud oma hämmastust varjata ja ütles üllatunult: „See on tõesti suurepärane mudel! Kes selle tegi?" Mis oli teie arvates Newtoni vastus? Ta ütles: „Oh, keegi ei teinud seda. See lihtsalt sündis juhuslikult."

Sõber tundis, et Newton tegi tema kulul nalja ja vastas: „Mis?! Kas sa pead mind rumalaks? Kuidas on võimalik, et nii keeruline mudel ilmuks eikusagilt?"

Selle peale vastas Newton: „See on lihtsalt väike päikesesüsteemi mudel. Sa väidad, et isegi niisugune lihtne mudel ei saa ilma kavandajata või tegijata lihtsalt tekkida. Kuidas sa selgitaksid siis kellelegi, kes usub, et tegelik päikesesüsteem, mis on palju keerukam ja hiiglasuur, tekkis lihtsalt loojata?"

Newton kirjutas seda oma raamatus *The Philosophiæ Naturalis Principia Mathematica*, mis tähendab „Loodusfilosoofia matemaatilisi põhimõtteid" ja mida kutsutakse sageli Põhimõteteks, „See kõige ilusam päikese-, planeetide ja komeetide süsteem võis tekkida ainult intelligentse ja võimsa Olendi nõu ja valitsusega.....Ta [Jumal] on igavene ja lõpmatu."

Sellepärast on väga paljud loodusseadusi uurivad teadlased kristlased. Mida rohkem nad uurivad loodust ja universumi, seda rohkem nad avastavad Jumala kõikvõimast väge.

Lisaks, Jumal näitab meile oma armastatud usklike, jumalasulaste ja koguduse töötegijate kaudu aset leidvate imede ja tunnustähtede ja Piibli prohvetikuulutused täide saatnud inimajaloo kaudu palju tõendeid, seega me võime uskuda Teda – elavat Jumalat.

Inimesed, kes tundsid Looja Jumala evangeeliumi kuulmata ära

Kui inimkonna ajalugu vaadata, võib näha, et heasüdamlikud inimesed, kes polnud kunagi evangeeliumi kuulnud, tundsid üheainsa Looja Jumala ära ja püüdsid õiglaselt elada.

Ebapuhta ja segaduses südamega inimesed kummardasid palju erinevaid jumalaid, püüdes tröösti leida. Teisest küljest, ausa ja puhta südamega inimesed kummardasid ainult ühte Loojat Jumalat isegi siis, kui nad Jumalat ei tundnud.

Näiteks, Admiral Soonshin Yi, kes elas Korea Chosuni dünastia ajal, teenis kogu eluaja oma maad, kuningat ja rahvast. Ta austas oma vanemaid ja püüdis kogu eluaja jooksul mitte kunagi omakasu taotleda, vaid ohverdas end selle asemel teiste eest. Kuigi ta ei tundnud Jumalat ja Isand Jeesust, ei kummardanud ta šamaane, deemoneid ega kurje vaime, selle asemel vaatas ta hea südametunnistusega üksnes taevaste poole ja uskus ühte loojat.

Need head inimesed ei õppinud kunagi Jumala Sõna tundma, aga te võite näha, et nad püüdsid alati puhast ja tõelist elu elada. Jumal avas nende inimeste pääsemiseks samuti tee „südametunnistuse kohtu" kaudu. See on Jumala meetod nende Vana Testamendi ajal elanud inimeste või pärast Jeesuse Kristuse eluaega evangeeliumi mitte kunagi kuulnud inimeste pääsemisele toomiseks.

Roomlastele 2:14-15 kirjutatakse: *„Kui paganad, kellel ei ole Moosese Seadust, ometi loomu poolest täidavad Seaduse sätteid, siis ilma Seaduseta olles on nad ise enesele seaduseks, näidates seega, et seadusepärane tegutsemine on kirjutatud nende südamesse; ühtlasi tõendavad seda ka nende südametunnistus ja nende mõtted, mis järgemööda kas süüdistavad või vabandavad neid."*

Kui hea südametunnistusega inimesed kuulevad evangeeliumi, võtavad nad Isanda väga lihtsalt oma südamesse vastu. Jumal lasi neil hingedel ajutiselt viibida „ülahauas", et nad saaksid Taevasse minna.

Kui inimese elu lõpeb, lahkub vaim inimese füüsilisest ihust. Vaim viibib ajutiselt kohas, mida kutsutakse „hauaks." Haud on ajutine koht, kus vaim õpib vaimumaailmaga kohanema enne igavikku minekut. See koht on jagatud „ülahauaks", kus ootavad päästetud inimesed ja „alahauaks", kus päästmata inimesed ootavad piinas (1. Moosese raamat 37:35; Iiob 7:9; Neljas Moosese raamat 16:33; Luuka 16).

Aga Apostlite tegudes 4:12 öeldakse: *„Ja kellegi muu läbi ei ole päästet, sest taeva all ei ole antud inimestele ühtegi teist nime, kelle läbi meid päästetaks."* Seega, selleks, et teha kindlaks, et ülahauas olevatel hingedel on võimalus evangeeliumi kuulda, läks Jeesus ülahauda neile evangeeliumi kuulutama.

Pühakiri toetab seda fakti. 1. Peetruse 3:18-19 öeldakse:

„Sest ka Kristus kannatas pattude pärast üheainsa korra, õige ülekohtuste eest, et Ta teid juhiks Jumala juurde, olles küll ihu poolest surmatud, ent elustatud vaimu läbi, kelles ta läks ja kuulutas vangis olevaile vaimudele." Need „head" hinged ülahauas tundsid Jeesuse ära, võtsid evangeeliumi vastu ja pääsesid.

Seega, õigluse Jumal vaatas hea südametunnistusega elanud ja ühte Loojat uskunud inimeste südamepõhja ja avas neile pääsemise ukse, hoolimata sellest, kas nad elasid Vana Testamendi ajal või ei olnud kunagi kuulnud evangeeliumi ega käsuseadusi.

Miks Jumal keelas oma rahval Temale kunagi mingeid teisi jumalaid eelistada

Vahetevahel ütlevad uskmatud: „Kristlus nõuab, et inimesed usuksid ainult ühte Jumalat. Kas see ei muuda religiooni liiga paindumatuks ja kinniseks?"

On ka inimesi, kes kutsuvad end usklikeks, ent kes sõltuvad käejoonte lugemisest, nõidusest, amulettidest ja talismanidest.

Jumal keelas meil spetsiaalselt selles valdkonnas mitte kompromissile minna. Ta ütles: „Teil ei tohi olla muid jumalaid minu kõrval." See tähendab, et me ei tohiks end kunagi ebajumalate ega mingi Jumala looduga seostada ega neid õnnistada. Me ei tohiks neid ka kuidagi Jumalaga võrdväärseteks pidada.

On olemas vaid üks Looja, kes meid lõi ja üksnes Tema võib meid õnnistada ja meile elu anda. Väärjumalad ja ebajumalad, mida inimesed kummardavad, on lõppkokkuvõttes vaenlaselt kuradilt. Nad on Jumalaga vaenujalal.

Vaenlane kurat püüab inimesi Jumalast eemaldumisega segadusse ajada. Valesid asju kummardades lõpetavad inimesed saatana kummardamisega ja liiguvad oma allakäigu suunas.

Sellepärast on inimesed, kes väidavad end Jumalat uskuvat, aga kes jätkavad oma südames ebajumalakummardamist, vaenlase kuradi valitsuse all. Sel põhjusel kogevad nad jätkuvat valu ja kurbust ning kannatavad haiguse, tõve ja katsumuste tõttu.

Jumal on armastus ja Ta ei taha, et Ta rahvas kummardaks ebajumalaid ja liiguks igavese surma suunas. Sellepärast ütleb Ta, et meil ei tohiks olla muid jumalaid Tema kõrval. Kui me kummardame üksnes Teda, võib meil olla igavene elu ja Ta õnnistab meid samuti rikkalikult meie maapealse elu ajal.

Me peame saama oma õnnistused, sõltudes ustavalt vaid Jumalast

1. Ajaraamatus 16:26 kirjutatakse: *„Sest teiste rahvaste jumalad on ebajumalad, aga Isand on teinud taeva."* Kui

Jumal poleks kunagi öelnud: „Teil ei tohi olla muid jumalaid minu kõrval," siis lõpetaksid otsustusvõimetud inimesed või isegi mõned usklikud tahtmatult ebajumalaid kummardades ja igavese surma suunas liikudes.

Me näeme seda juba üksnes iisraellaste ajaloost. Iisraellased õppisid kõigi muude rahvaste seast universumi ühtainsat Jumalat tundma ja kogesid Tema väge arvukaid kordi. Aga aja jooksul nad läksid Jumalast eemale ja hakkasid teisi jumalaid ja ebajumalaid kummardama.

Nad arvasid, et paganate ebajumalad nägid head välja, seega nad hakkasid neid ebajumalaid Jumalaga paralleelselt kummardama. Selle tulemusena kogesid nad igasuguseid kiusatusi, katsumusi ja nuhtlusi, mida vaenlane kurat ja saatan nende ellu tõid. Üksnes siis, kui nad ei suutnud valu ja raskusi enam taluda, parandasid nad meelt ja naasid Jumala juurde.

Põhjus, miks Jumal, kes on armastus, andestas neile taas ja taas ja päästis neid nende hädadest, seisnes selles, et Ta ei tahtnud näha neid valejumalate kummardamise tõttu igavest surma suremas.

Jumal näitab meile pidevalt tõendeid selle kohta, et Tema on Looja – elav Jumal, et me võiksime Teda ja üksnes Teda kummardada. Ta päästis meid patust oma ainsa Poja, Jeesuse Kristuse kaudu ja lubas meile igavese elu ning andis meile igavesti taevas elamise lootuse.

Jumal aitab meil oma rahva läbi imesid, tunnustähti ja imetegusid tehes ja Piibli kuuekümne kuue raamatu ning inimajaloo kaudu teada ja uskuda, et Ta on elav Jumal.

Järelikult tuleb meil kummardada ustavalt Jumalat, universumi Loojat, kes valitseb kõike seal sisalduvat. Meil tuleb Tema lastena täielikult Temast sõltudes rikkalikku head vilja kanda.

3. peatükk

Teine käsk

—— ⊸⊷ ——

„Sa ei tohi enesele teha mingisugust kuju ega seda kummardada"

2. Moosese raamat 20:4-6

„Sa ei tohi enesele teha kuju ega mingisugust pilti sellest, mis on ülal taevas, ega sellest, mis on all maa peal, ega sellest, mis on maa all vees! Sa ei tohi neid kummardada ega neid teenida, sest mina, Isand, sinu Jumal, olen püha vihaga Jumal, kes vanemate süü nuhtleb laste kätte kolmanda ja neljanda põlveni neile, kes mind vihkavad, aga kes heldust osutab tuhandeile neile, kes mind armastavad ja mu käske peavad!"

„Isand suri ristil minu eest. Kuidas ma võiksin Isandat surmahirmu tõttu salata? Ma pigem sureksin kümme korda Isanda eest, kui reedaksin Tema ja elaksin sada või isegi tuhat tähendusetut aastat. Ma olen pühendunud vaid ühele asjale. Palun aita mul võita surma vägi, et ma ei jätaks oma Isandat omaenda elu säästa püüdes häbisse."

See on Jaapani pühamu ette kummardamast keeldunud Reverend Ki-Chol Chu tunnistus. Tema lugu on kirja pandud raamatusse *Enam kui võitjad: Reverend Ki-Chol Chu märterluse lugu (More Than Conquerors: The Story of the Martyrdom of Reverend Ki-Chol Chu)*. Reverend Ki-Chol Chu andis oma elu mõõga või püsside ees hirmus kössitamata, et täita Jumala käsku ebajumalaid mitte kummardada.

„Sa ei tohi enesele teha mingisugust kuju ega seda kummardada"

Kristlastena on meie kohus Jumalat ja üksnes Teda armastada ja kummardada. Sellepärast andis Jumal meile esimese käsu „Sul ei tohi olla muid jumalaid minu palge kõrval." Ja siis andis Ta rangelt ebajumalakummardamise keelamiseks meile teise käsu „Sa ei tohi enesele teha mingisugust kuju ega seda kummardada."

Esmapilguga võite te arvata, et esimene ja teine käsk on

samad. Aga nad on eraldi käskudena eraldatud, sest neil on erinev vaimne tähendus. Esimene käsk hoiatab polüteismi eest ja käsib meil ainult ühte tõelist Jumalat kummardada ja armastada.

Teine käsk on ebajumalakummardamise vastane õppetund ja see selgitab ka Jumalat kummardades ja armastades saadavaid õnnistusi. Vaatame siis lähemalt, mida tähendab sõna „ebajumal."

„Ebajumala" füüsiline tähendus

Sõna „ebajumal" võib selgitada kahtviisi: füüsilise ja vaimse ebajumalana. Esiteks on „ebajumal" füüsilises mõttes jumalakujutiseks loodud kuju või materiaalne ese, millel ei ole füüsilist kuju, mille poole pöördudes saaks seda kummardada.

Teiste sõnadega, ebajumal võib olla ükskõik mis: puu, kivi, inimese kujutis, imetajad, putukad, linnud, mereloomad, päike, kuu, taevatähed või mingi inimese ettekujutuse abil moodustatud ese, mida võib teha terasest, hõbedast, kullast või millestki muust olemasolevast, millele võib otseselt austust avaldada ja mida kummardada.

Kuid inimese loodud ebajumalal ei ole elu, seega see ei saa teile vastata ega teid õnnistada. Kui Jumala näo järgi loodud inimesed loovad oma kätega teise kujutise ja kummardavad seda, paludes sellel end õnnistada, siis näib see väga rumal ja naljakas välja.

Jesaja 46:6-7 öeldakse: „*Need, kes puistavad kukrust kulda ja vaevad vaega hõbedat, palkavad kullassepa ja see valmistab jumala, mille ette nad põlvitavad ja mida nad kummardavad. Nad tõstavad selle õlale, kannavad ja asetavad paigale, ja see seisab ega liigu oma kohalt. Kui siis keegi seda appi hüüab, ei vasta see ega päästa teda ta ahastusest.*"

Selles kirjakohas ei viidata vaid ebajumalale ja selle kummardamisele, vaid samuti halva õnne vastastele amulettidele või surnute kummardamise teel ohvririituste läbiviimisele. Isegi inimeste usk ebausku tähistavatesse asjadesse ja nõiduse harrastamine kuulub sellesse kategooriasse. Inimesed arvavad, et amuletid ajavad raskused ära ja toovad head õnne, aga see ei ole tõde. Vaimselt terased inimesed võivad näha, et tegelikult tõmbavad amulettide ja ebajumalate asukohad ligi tumedaid kurje vaime ja toovad lõpptulemusena neid omavatele inimestele hädasid ja katsumusi. Peale elava Jumala ei ole muud jumalat, kes vüiks inimesi tõeliselt õnnistada. Muud jumalad on tegelikult õnnetuste ja needuste allikaks.

Aga miks siis inimesed loovad ebajumalaid ja kummardavad neid? See sünnib, sest inimesed kalduvad end rahuldama asjadega, mida nad saavad füüsiliselt näha, tunda ja puudutada.

Me võime näha niisugust inimhinge iisraellaste Egiptusest lahkumise näite varal. Kui nad hüüdsid Jumalat appi oma nelisada aastat kestnud orjapõlve vaeva ja raske töö tõttu, määras Jumal Moosese nende Egiptuse väljarände juhiks ja Ta tegi neile igasuguseid tunnustähti ja imesid, et nad võiksid Teda uskuda.

Kui vaarao keeldus neil minna laskmast, saatis Jumal Egiptusesse kümme nuhtlust. Ja kui Punane meri tõkestas iisraellaste tee, lõhestas Jumal mere. Isegi pärast nende imede nägemist, kui Mooses oli nelikümmend päeva mägedes, et kümmet käsku saada, muutus tema rahvas kannatamatuks ja lõi ebajumala ning kummardas seda. Kuna nad ei näinud enam jumalasulast Moosest, tahtsid nad luua midagi, mida nad võisid näha ja kummardada. Nad lõid kuldvasika ja kutsusid seda jumalaks, kes oli neid nii kaugele juhatanud. Nad tõid sellele isegi ohvreid ja nad jõid, sõid ja tantsisid selle ees. Selle juhtumi tulemusel kogesid iisraellased Jumala suurt viha.

Kuna Jumal on vaim, ei saa inimesed Teda oma füüsiliste silmadega näha ega teha Tema esindamiseks füüsilist kuju. Sellepärast ei tohiks me kunagi luua mingit ebajumalat ja seda „jumalaks" kutsuda ning me ei tohiks ka seda kummardada.

5. Moosese raamatus 4:23 öeldakse: *„Hoidke, et te ei unusta Isanda, oma Jumala seadust, mille Ta andis teile, et te ei valmistaks endile nikerdatud kuju, ei mingit kujutist, mida Isand, su Jumal, sind on keelanud teha."* Tõelise Looja Jumala asemel mingi elutu ja jõuetu ebajumala kummardamine teeb inimestele rohkem kahju kui head.

Ebajumalakummardamise näited

Mõned usklikud võivad sattuda teadmatult ebajumalakummardamise lõksu. Näiteks, mõned inimesed võivad kummardada Jeesuse pilti või Neitsi Maarja kuju või mõnda muud usukuulutajat.

Paljud inimesed ei pruugi seda ebajumalakummardamiseks pidada, aga see on ebajumalakummardamise vorm, mis ei meeldi Jumalale. Heaks näiteks on see, kuidas paljud kutsuvad Neitsi Maarjat „Pühaks emaks." Aga kui Piiblit uurida, võib näha, et see on selgelt vale.

Jeesus eostati Püha Vaimu poolt, mitte mehe spermast ja naise munarakust. Seega me ei saa Neitsi Maarjat „emaks" kutsuda. Näiteks, tänapäeva tehnoloogia võimaldab arstidel mehe sperma ja naise munaraku panna kunstlikku viljastamist teostavasse kõrgtehnoloogilisse seadmesse. See ei tähenda, et me kutsuksime antud masinat sellise protsessi läbi sündinud lapse „emaks."

Püha Vaim eostas Jeesuse, kes oli Isa Jumala tegelik loomus ja Ta sündis Neitsi Maarja ihust, misläbi Ta sai sellesse maailma füüsilise ihuga tulla. Sellepärast kutsub Jeesus Neitsi Maarjat „naiseks" ja mitte „emaks" (Johannese 2:4, 19:26). Maarjat kutsutakse Piiblis Isanda „emaks" vaid siis, kui see on kirjutatud Piibli kirja pannud jüngrite vaatenurgast.

Vahetult enne oma surma ütles Jeesus Johannesele: „Vaata,

see on Sinu ema!", pidades silmas Maarjat. Sellega palus Jeesus Johannesel Maarja eest hoolt kanda, otsekui oleks tegu tema oma emaga (Johannese 19:27). Jeesus esitas selle palve, püüdes trööstida Maarjat, sest Ta mõistis tema südames olevat kurbust, kuna ta oli teeninud Teda hetkest, mil Püha Vaim Ta eostas, hetkeni, mil Ta sai Jumala väe abil täiesti täiskasvanuks ja ei sõltunud enam temast.

Sellegipoolest ei ole õige kummardada Neitsi Maarja kuju.

Paari aasta eest kui ma külastasin ühte Lähis-Ida maad, kutsus mõjukas isik mind külla ja näitas meie vestluse ajal mulle huvitava väljanägemisega vaipa. See oli hindamatu, käsitsi tehtud vaip, mille tegemiseks oli kulunud aastaid. Sellel oli musta Jeesuse pilt. Selle näite varal võime me näha, et isegi Jeesuse kujutis on ebajärjekindel ja sõltub kunstnikust või skulptorist. Seega, kui me kummardame või palvetame selle kuju poole, tegeleme me ebajumalakummardamisega, mis on vastuvõetamatu.

Mida peetakse „ebajumalaks" ja mis ei ole seda?

Vahetevahel esineb äärmiselt ettevaatlikke inimesi, kes vaidlevad, et kogudustes leiduv „rist" on ebajumala tüüp. Aga rist ei ole ebajumal. See sümboliseerib evangeeliumi, mida kristlased usuvad. Põhjus, miks usklikud vaatavad risti peale, seisneb

Jeesuse poolt inimkonna patu eest valatud püha vere ja meile evangeeliumi andnud Jumala armu meelespidamises. Rist ei saa olla kummardamise objekt ega ebajumal.

Sama kehtib maalide kohta, millel Jeesus hoiab lambatalle või *Viimase õhtusöömaaja* või igasuguste skulptuuride kohta, mille kaudu kunstnik tahtis lihtsalt mingit mõtet väljendada.

Lambatalle hoidva Jeesuse kujutisega maal näitab, et Ta on hea karjane. Kunstnik ei loo maali, et sellest saaks ülistuse objekt. Aga kui keegi seda ülistaks või kummardaks, saaks sellest ebajumal.

Vahel ütlevad inimesed: „Vana Testamendi ajal tegi Mooses ebajumala." Nad peavad silmas sündmust, kus iisraellased kaebasid Jumala peale ja lõpetasid kõrbes, kus mürkmaod salvasid neid. Kui paljud neist surid mürkmadude salvamise tõttu, tegi Mooses vaskmao ja seadis selle posti otsa. Need, kes Jumala Sõna kuulasid ja vaatasid pronksmadu, elasid ja need, kes seda ei teinud, surid.

Jumal ei käskinud Moosesel vaskmadu teha, et inimesed seda ülistada saaksid. Ta tahtis selle näite varal näidata inimestele Jeesust Kristust, kes pidi ühel päeval tulema, et päästa neid vaimuseaduste kohaselt needusest, mille all nad olid.

Jumalale kuuletunud ja pronksmadu vaadanud inimesed ei hukkunud oma pattude tõttu. Samamoodi ei hukku oma pattude tõttu hinged, kes usuvad, et Jeesus Kristus suri ristil nende pattude eest ja võtavad Ta oma Päästjaks ja Isandaks vastu ning saavad hukkumise asemel igavese elu.

2. Kuningate raamatus 18:4 räägitakse, et kui Juuda kuueteistkümnes kuningas Hiskija hävitas kõik Iisraeli ebajumalad: *„Tema kõrvaldas ohvrikünkad, purustas sambad, raius maha viljakustulbad ja pihustas vaskmao, mille Mooses oli teinud; sest kuni nende päevadeni olid Iisraeli lapsed suitsutanud sellele; seda kutsuti Nehustaniks."* See meenutab inimestele taas, et isegi kui vaskmadu loodi Jumala käsu kohaselt, ei tohi see kunagi saada ebajumalakummardamise objektiks, sest Jumal ei loonud seda niisuguse esialgne kavatsusega.

„Ebajumala" vaimne tähendus

Sõna „ebajumal" füüsilises mõttes mõistmisele lisaks tuleks meil ka seda vaimses mõttes mõista. „Ebajumalakummardamise" vaimne määratlus tähendab „kõike, mida inimene armastab enam kui Jumalat." Ebajumalakummardamine ei piirdu üksnes Buddha kuju ega surnud esivanemate kummardamisega.

Kui me armastame oma iseka soovi tõttu oma vanemaid, abielumeest või –naist või isegi lapsi rohkem kui Jumalat, muudame me vaimses mõttes need armastatud isikud „ebajumalateks." Ja kui meil on äärmiselt hea arvamus iseendist ja me oleme enesearmastajad, muudame me iseendid ebajumalateks. Muidugi ei tähenda see, et me peaksime armastama ainult Jumalat ja ei kedagi teist. Näiteks, Jumal ütleb oma lastele, et neil on kohustus oma vanemaid tõeselt armastada. Ta käsib neil ka austada oma isa ja ema. Aga kui vanemate armastamine viib meid tõest eemaldumiseni, armastame me oma vanemaid rohkem kui Jumalat ja oleme nad seega „ebajumalaks" teinud.

Kuigi vanemad sünnitasid meie füüsilise ihu, on Jumal meie vaimu Isa, sest Tema lõi sperma ja munaraku või eluseemned. Oletame, et mõned mittekristlastest vanemad ei kiida oma lapse pühapäevast koguduses käimist heaks. Kui nende kristlasest laps ei lähe kogudusse, et oma vanematele meeltmööda olla, armastab laps oma vanemaid enam kui Jumalat. See ei kurvasta üksnes Jumala südant, aga tähendab ka, et see laps ei armasta tegelikult oma vanemaid.

Kui te kedagi tõeliselt armastate, soovite te, et see inimene saaks päästetud ja igavese elu osaliseks. See on tõeline armastus. Nii et kõigepealt peaksite te hingamispäeva pühitsema ja siis te peaksite oma vanemate eest palvetama ja nendele võimalikult kiiresti evangeeliumi jagama. Alles siis võite te öelda, et te armastate ja austate neid tõeliselt.

Ja vastupidiselt – kui te lapsevanemana tõeliselt oma lapsi armastate, peaksite te Jumalat esiteks amastama ja siis oma lapsi Jumala armastusega armastama. Hoolimata sellest, kui kallid lapsed teile ka ei oleks, te ei saa neid vaenlase kuradi ja saatana eest omaenese piiratud inimliku väega kaitsta. Te ei saa neid äkiliste õnnetuste eest kaitsta ega kaasaja arstiteaduse jaoks tundmatust haigusest tervendada.

Aga kui lapsevanemad ülistavad Jumalat ja usaldavad oma lapsed Jumala kätesse ja armastavad neid Jumala armastusega, kaitseb Jumal nende lapsi. Ta ei anna neile vaid vaimset ja füüsilist jõudu, vaid Ta õnnistab neid samuti, et nad oleksid igas eluvaldkonnas edukad.

Samamoodi on abielumeeste ja -naiste armastusega. Jumala tõelisest armastusest mitte teadlik olev abielupaar suudab teineteist vaid lihaliku armastusega armastada. Nad taotlevad vahel omakasu ja vaidlevad seetõttu teineteisega. Ja aja jooksul võib muutuda isegi armastus, mida nad teineteise vastu tunnevad.

Aga kui abielupaar armastab teineteist Jumala armastusega, suudavad nad teineteist ka vaimse armastusega armastada. Sel juhul abielupaar ei vihastu ega solva teineteist ja nad ei püüa oma isekaid soove rahuldada. Selle asemel jagavad nad muutumatut, tõelist ja ilusat armastust.

Millegi või kellegi Jumalast rohkem armastamine

Üksnes siis, kui me oleme Jumala armastuses ja armastame Isa Jumalat esiteks, suudame me teisi tõelise armastusega armastada.

Sellepärast käsib Jumal meil Teda esiteks armastada ja keelab meil Tema kõrval teisi jumalaid omada. Aga kui te pärast selle kuulmist ütlete: „Ma läksin kogudusse ja seal käsiti mul pereliikmete asemel vaid Jumalat armastada, olete te Tema käsku vaimselt väga vääralt tõlgendanud.

Kui te rikute Jumala käske või lähete maailmaga kompromissile, et pälvida materiaalset rikkust, kuulsust, teadmisi või võimu ja eksite seega tões käimisest, valmistate te enesele vaimses mõttes ebajumala.

Leidub ka inimesi, kes ei pühitse hingamispäeva või ei anna kümnist, sest nad armastavad rikkust enam kui Jumalat, hoolimata sellest, et Jumal lubab õnnistada neid, kes oma kümnise annavad.

Teismelised riputavad oma tuppa sageli üles pilte oma lemmiklauljate, näitlejate, sportlaste või muusikutega või teevad nende piltidest omale järjehoidjaid või isegi kannavad nende pilte oma vestis või taskutes, et lemmikstaare südame lähedal hoida. On kordi, mil teismelised armastavad neid inimesi rohkem kui Jumalat.

Muidugi võite te armastada ja austada näitlejaid, sportlasi ja teisi inimesi, kes teevad oma tööd väga hästi. Aga kui te armastate ja peate kalliks maailma asju ja see viib teid Jumalast eemale, ei ole Jumalal sellest head meelt. Lisaks, noored lapsed, kes hoiavad kogu südamest kinni teatud mänguasjadest või videomängudest, võivad samuti lõpuks neist asjadest omale „ebajumalad" teha.

Jumala armukadedus armastuse tõttu

Kui Jumal andis meile tugeva ebajumalakummardamise vastase käsu, rääkis Ta sõnakuulelikkuse õnnistusest ja noomis neid, kes olid Talle sõnakuulmatud.

„Sa ei tohi neid kummardada ega neid teenida, sest mina, Isand, sinu Jumal, olen püha vihaga Jumal, kes vanemate süü nuhtleb laste kätte kolmanda ja neljanda põlveni neile, kes mind vihkavad, aga kes heldust osutab tuhandeile neile, kes mind armastavad ja mu käske peavad!" (2. Moosese raamat 20:5-6).

Kui Jumal kutsub end viiendas salmis „armukadedaks Jumalaks", ei tähenda see, et Ta oleks „armukade" niimoodi nagu inimesed armukadedust tunnevad, kuna tegelikult armukadedus ei ole osa Jumala iseloomust. Jumal kasutab siin sõna „armukadedus", et me oma inimlike tunnetega lihtsamini aru saaksime. Armukadedus, mida inimesed tunnevad, on lihalik, rüve ja ebapuhas ja teeb haiget inimestele, kes on sellesse segatud.

Näiteks, kui abikaasa armastus tema naise vastu muutub armastuseks teise naise vastu ja naine hakkab teise naise vastu armukadedust tundma, on naises esinevat äkilist muudatust hirmuäratav näha. Naine täitub viha ja vihkamisega. Ta vaidleb abikaasaga ja teeb ta puudused kõigile tuttavatele teatavaks ja mees võib häbisse sattuda. Vahel võib naine minna teise naise juurde ja temaga võidelda või abikaasa vastu kohtuasja sisse anda. Sel juhul, kui naine soovib armukadeduse tulemusena, et abikaasaga juhtuks midagi halba, ei ole tegu armukadedusega, mis tuleb armastusest, vaid vihkamisest.

Kui naine oleks oma abikaasat tõesti vaimse armastusega armastunud, selle asemel, et lihas armukadedust tunda, oleks ta esiteks iseennast sisekaemuslikult vaadelnud ja küsinud: „Kas minu suhe Jumalaga on hea? Kas ma tõesti armastasin ja teenisin oma abikaasat?" Ja selle asemel, et abikaasat häbistada teda ümbritsevatele inimestele tema puuduste väljarääkimisega, oleks ta pidanud hoopis Jumalalt tarkust paluma, et teada saada, kuidas abikaasat truudusse tagasi tuua.

Aga missugust armukadedust tunneb Jumal? Kui me ei kummarda Jumalat ega ei ela tões, pöörab Jumal meilt oma palge, mistõttu me sattume katsumustesse, viletsustesse ja haigestume. Kui see juhtub, parandavad usklikud meelt, teades, et haigused tulevad patust (Johannese 5:14) ja püüavad Jumalat taas otsida.

Pastorina kohtun ma koguduseliikmetega, kes kogevad seda aeg-ajalt. Näiteks, üks koguduseliige võib olla rikas ärimees, kelle kogu äritegevus õitseb. Ta vabandab end sellega välja, et tal on rohkem tegemist ja lakkab palvetamast ja Jumala tööd tegemast. Ta jõuab isegi kohta, kus ta ei ülista iga pühapäev Jumalat.

Selle tulemusel pöörab Jumal oma palge sellelt ärimehelt ja kunagi õilmitsev äri sattub kriisiolukorda. Alles siis mõistab ta oma viga, et ta ei elanud Jumala käsuseaduste kohaselt ja parandab meelt. Jumal laseb oma lastel pigem üürikest aega raskesse olukorda sattuda ja Tema tahet mõista, pääseda ja õiget teed pidi minna, kui igavesti Temast ära langeda.

Kui Jumal ei tunneks sellist armukadedat armastust ja selle asemel vaatleks meie valetegusid lihtsalt osavõtmatult pealt, ei mõistaks me üksnes oma valesid tegusid, aga me süda muutuks samuti kalestunuks, põhjustaks meie pidevat patutegemist ja lõpuks igavese surma teele minekut. Seega, Jumal tunneb armukadedust armastusest. See on Tema suure armastuse väljendus, mis lähtub soovist meid uuendada ja igavesse ellu juhatada.

Sõnakuulmatuse õnnistused ja needused ja teisele käsule mitte kuuletumine

Jumal on meie Looja ja Isa, kes tõi oma ainsa Poja ohvriks, et kõiki inimesi päästa. Ta on samjuti iga inimese ülim valitseja ja Ta tahab õnnistada neid, kes Teda kummardavad.

Seega Jumala asemel ebajumalate kummardamine ja jumaldamine tähendab Tema vihkamist. Jumala vihkajad saavad Tema kättemaksu osalisteks, nii nagu on kirjutatud, et lapsi karistatakse nende vanemate pattude eest kolmanda ja neljanda sugupõlveni (2. Moosese raamat 20:5).

Ringi vaadates võime me lihtsalt näha, kuidas sugupõlvede jooksul ebajumalaid kummardanud perekondi tabab edasi kättemaks. Nende perekondade inimestel võib esineda halvaloomulisi ja/või ravimatuid haigusi, deformatsioone, vaimuhälbeid, deemonitest seestumist, enesetappu, rahalisi raskusi või igasuguseid muid katsumusi. Ja kui need hädad jätkuvad neljanda sugupõlveni, on perekond täielikus hävingus ja parandamatu.

Kuid miks teie arvates Jumal ütles, et Ta karistab „kolmandat ja neljandat sugupõlve" „neljanda sugupõlve" asemel? See näitab Jumala halastust. Ta jätab ruumi neile järeltulijatele, kes parandavad meelt ja otsivad Jumalat, isegi kui nende esivanemad kummardasid väärjumalaid ja olid Jumala vastu vaenulikud. Need inimesed annavad Jumalale põhjuse selle koja karistuse lõpetamiseks.

Aga inimestel, kelle esivanemad olid Jumala vastu väga vaenulikud ja kes olid tõsised ebajumalakummardajad, kuhjates kurjust, esinevad tõsised raskused, kui nad püüavad Isandat vastu võtta. Isegi kui nad võtavad Isanda vastu, on nad oma esivanematega otsekui vaimse lõa otsa pandult seotud, seega nende vaimses elus esineb palju raskusi, kuni nad saavad vaimse võidu. Vaenlane kurat ja saatan sekkuvad igal võimalikul viisil vahele, et neid inimesi usule tuleku eest hoida ja vedada nad enese järel igavesse pimedusse.

Aga kui nende järeltulijad parandavad alandliku südamega oma esivanemate pattudest meelt, taotledes Jumala halastust ja püüavad enese patuloomusest vabaneda, kaitseb Jumal neid kahtlemata. Seega, teisest küljest, kui inimesed armastavad Jumalat ja peavad Tema käsuseadusi, õnnistab Jumal nende perekonda tuhande sugupõlve jooksul ja laseb neil igavesti Tema armu osaliseks olla. Kui me vaatame seda, kuidas Jumal lubab kolmanda ja neljanda sugupõlveni karistada, aga õnnistab tuhandet sugupõlve, näeme me selgelt Jumala armastust meie vastu.

Aga see ei tähenda, et te saate automaatselt rikkalike õnnistuste osaliseks lihtsalt sellepärast, et teie esivanemad olid suurepärased jumalasulased. Näiteks, Jumal kutsus Taavetit „meheks oma südame järele" ja lubas ta järeltulijaid õnnistada (1. Kuningate raamat 6:12). Kuid me saame ka teada, et Taaveti Jumalast ära pöördunud lapsed ei saanud lubatud õnnistusi.

Kui Iisraeli kuningate ajaraamatuid lugeda, võib näha, kuidas kuningad, kes kummardasid ja teenisid Jumalat, said õnnistused, mida Jumal lubas Taavetile. Nende valitsuse all riik edenes ja õilmitses nii palju, et naaberrahvad tunnustasid neid. Aga kuningad, kes pöördusid Jumalast ära ja tegid Tema vastu pattu, kogesid oma eluajal palju raskusi.

Üksnes siis, kui inimene armastab Jumalat ja püüab end ebajumalatega määrimata tõe kohaselt elada, võib ta saada kõik õnnistused, mis tema esivanemad tema jaoks kogusid.

Seega, kui me vabaneme esiteks oma elus igasugustest Jumala arvates jälestusväärsetest vaimsetest ja füüsilistest ebajumalatest, võime meiegi kogeda rikkalikke õnnistusi, mida Jumal lubas kõigile oma ustavatele sulastele ja nende järeltulevatele sugupõlvedele.

4 peatükk

Kolmas käsk

„Sa ei tohi Isanda, oma Jumala nime asjata suhu võtta"

2. Moosese raamat 20:7

„Sa ei tohi Isanda, oma Jumala nime asjata suhu võtta, sest Isand ei jäta seda nuhtlemata, kes Tema nime asjata suhu võtab!"

Sellest, kuidas iisraellased panid Piibli kirja või isegi lugesid seda, on lihtne näha, et nad hindasid tõesti Jumala sõnu.

Enne trükikunsti leiutamist pidid inimesed Piiblit käsitsi kirjutama. Ja iga kord, kui oli vaja kirjutada sõna „Jehoova", pesi kirjutaja oma ihu mitu korda ja vahetas isegi välja pintsli, millega ta kirjutas, sest see nimi oli väga püha. Ja mil iganes kirjutaja tegi vea, pidi ta antud lõigu välja lõikama ja selle uuesti üle kirjutama. Aga kui „Jehoova" trükiti kogemata valesti, hakkas ta kõike täielikult algusest peale uuesti läbi vaatama.

Samuti oli aeg, kui iisraellased lugesid Piiblit ja nad ei lugenud isegi „Jehoova" nime häälega välja. Nad lugesid selle nime asemel hoopis „Adonai", mis tähendas „minu Isandat", sest nad pidasid Jumala nime lugemiseks liiga pühaks.

Kuna nimi „Jahve" on Jumalat esindav nimi, usuti, et see esindas ka Jumala aulist ja ülimuslikku iseloomu. Iisraellaste jaoks tähendas see nimi Teda, kes on ka Kõikvõimas Looja.

„Sa ei tohi Isanda, oma Jumala nime asjata suhu võtta"

Mõned inimesed isegi ei mäleta, et kümme käsku sisaldab taolist käsku. Isegi usklike seas leidub inimesi, kes ei hinda Jumala nime kõrgelt ja kes kasutavad lõpuks Ta nime vääralt.

„Väärkasutus" tähendab millegi valesti või ebasündsal viisil kasutamist. Ja Jumala nime väärkasutus tähendab Tema püha nime ebaõiget, ebapüha või valel viisil kasutamist.

Näiteks, kui keegi räägib oma mõtetest ja väidab, et ta räägib Jumala sõnu või kui ta tegutseb nii nagu ta suudab ja väidab, et ta tegutseb Jumala tahte kohaselt, ta kasutab Tema nime vääralt. Jumala nime kasutamine valevande andmiseks, Jumala nimega nalja heitmine jne on kõik näited Jumala nime asjata suhu võtmisest.

Teine tavaline viis, kuidas inimesed võtavad Jumala nime asjata suhu, juhtub siis, kui inimesed, kes isegi Jumalat ei otsi, sattuvad murettekitavasse olukorda ja ütlevad halvakspanuga: „Jumal on nii ükskõikne!" või „Kui Jumal oleks tõesti elav, kuidas Ta laseks sellel juhtuda?!"

Kuidas Jumal võiks meid patuta inimesteks pidada, kui meie – loodu – kasutame asjata oma Looja nime, mis väärib kogu au ja austust? Sellepärast tuleb meil Jumalat austada ja me peame püüdma tões elades end pidevalt kaalutledes läbi vaadata, et teha kindlaks, et me ei näiks Jumala silmis jultunud ega austuseta välja.

Kuid miks on Jumala nime asjata suhu võtmine patt?

Esiteks, Jumala nime väärkasutus on märk sellest, et me ei usu Teda.

Isegi filosoofide seas, kes väidavad, et nad õpivad tundma elu tähendust ja universumi eksistentsi, on inimesi, kes ütlevad: „Jumal on surnud." Ja isegi mõned tavalised inimesed ütlevad ennatlikult: „Jumalat ei ole olemas."

Kord ütles üks vene kosmonaut: „Ma läksin kosmosesse ja ei näinud seal kusagil Jumalat." Aga ta oleks kosmonaudina pidanud teistest paremini teadma, et see ala, mida ta uuris, oli vaid väike osa hiiglasuurest universumist. Kosmonaut ütles rumalalt, et Jumalat, kes on kogu universumi Looja, ei ole olemas lihtsalt seetõttu, et ta ei suutnud Jumalat oma silmaga näha suhteliselt kaduvväikeses maailmaruumi osas, mida ta külastas!

Laulus 53:2 kirjutatakse: *„Meeletu ütleb oma südames: „Jumalat ei ole!" Nad talitavad riivatult ja jõledasti, ei ole kedagi, kes head teeb."* Inimene, kes näeb universumit alandliku südamega, võib avastada lõpmatult palju tõendeid, mis osutavad Looja Jumalale (Roomlastele 1:20).

Jumal andis igaühele võimaluse Teda uskuda. Enne Jeesust Kristust puudutas Jumal Vana Testamendi ajal heade inimeste südant, et nad tunneksid elavat Jumalat. Pärast Jeesust Kristust, praegusel Uue Testamendi ajal, jätkab Jumal inimsüdamete uksele koputamist paljudel eri viisidel, et inimesed võiksid Teda tundma õppida.

Sellepärast avavad head inimesed oma südame ja võtavad Jeesuse Kristuse vastu ja saavad päästetud, hoolimata sellest, kuidas nad evangeeliumi kuulsid. Jumal laseb neil, kes Teda kogu südamest otsivad, kogeda Tema ligiolu palves tugeva muljena, nägemuste või vaimsete unenägude kaudu.

Kord kuulsin ma ühe meie koguduseliikme tunnistust ja olin paratamatult hämmastunud. Ühel ööl ilmus naisele unes tema maovähki surnud ema, kes ütles: „Kui ma oleksin kohtunud Manmini Keskkoguduse vanempastori Dr Jaerock Leega, oleksin ma terveks saanud..." Naine teadis juba Manmini koguduse kohta, aga selle kogemuse kaudu registreerusid kõik ta pereliikmed lõpuks kogudusse ja ta ainus poeg sai epilepsiast terveks.

Leidub ikkagi inimesi, kes jätkavad Jumala olemasolu salgamist, hoolimata sellest, et Ta näitab meile mitmel viisil oma olemasolu. See sünnib, kuna nende süda on kuri ja rumal. Kui need inimesed jätkavad oma südame paadutamist Jumala vastu ja räägivad Temast hoolimatult, Teda isegi uskumata, miks ei peaks Ta neid patusteks pidama?

Jumal, kes on lugenud ära isegi meie peas olevad juuksekarvad, jälgib lõõmavate silmadega iga meie tegu. Kui inimesed usuksid seda, ei kasutaks nad tegelikult mingi hinna eest Jumala nime valesti. Võib paista, et mõned inimesed usuvad, aga kuna nad ei usu kogu südamest, võivad nad Ta nime asjata suhu võtta ja sellest saab Jumala silmis patt.

Teiseks, Jumala nime valesti kasutamine tähendab osavõtmatust Jumala suhtes.

Kui me oleme Jumala suhtes osavõtmatud, tähendab see, et meil puudub Tema vastu austus. Kui me julgeme Looja Jumala vastu austuseta olla, ei saa me arvata, et me oleme patuta.

Laulus 96:4 öeldakse: *„Sest Isand on suur ja väga kiidetav ja Tema on kardetavam kui kõik muud jumalad."* 1. Timoteosele 6:16 öeldakse: *„Kellel ainsana on surematus, kes elab ligipääsmatus valguses, keda ükski inimene pole näinud ega suudagi näha. Tema päralt olgu au ja igavene võimus! Aamen."*

2. Moosese raamatus 33:20 kirjutatakse: *„Ja Ta ütles veel: „Sa ei tohi näha mu palet, sest ükski inimene ei või mind näha ja jääda elama!""* Looja Jumal on nii suur ja vägev, et meie, loodud olendid, ei saa Teda aukartusetult vaadata, mil iganes me seda teha suvatseme.

Sellepärast rääkisid vanal ajal hea südametunnistusega inimesed, kuigi nad ei tundnud Jumalat, Taevast austavate sõnadega. Näiteks, Koreas kasutasid inimesed austavat vormi, kui nad rääkisid taevast või ilmast, et Loojat austada. Nad ei pruukinud Isandat Jumalat tunda, aga nad teadsid, et universumi kõigeväeline Looja saatis neile ülevalt taevast vajaminevat nagu näiteks vihma. Seega nad tahtid oma sõnadega Teda austada.

Enamik inimesi kasutab sõnu, mis näitavad austust ja ei kasuta oma vanemate ega tõesti austusväärsete inimeste nimesid valesti. Seega kui me räägime universumi Loojast Jumalast ja eluandjast, kas me ei peaks Temasse suhtuma kõige pühalikumalt ja kõige austusväärsemaid sõnu kasutama?

Kahjuks leidub tänapäeval inimesi, kes kutsuvad end usklikeks ja ei näita sellegipoolest Jumala vastu austust üles, rääkimata Tema nime tõsiselt võtmisest. Näiteks, nad teevad Jumala nime kasutades nalja või tsiteerivad Piibli sõnu hoolimatult. Kuna Piiblis öeldakse: *„Sõna oli Jumal"* (Johannese 1:1), kui me suhtume Piibli sõnadesse austuseta, on see sama, mis Jumalasse austuseta suhtumine.

Teine Jumala vastu lugupidamatuse vorm on Tema nimel valetamine. Selle maailma näide on kui inimene räägib midagi, mis ta on ise kokku luuletanud ja ütleb: „See on Jumala hääl" või „See on miski, mis on Pühast Vaimust juhitud." Kui me arvame, et vanainimese nime sündmatu kasutamine on jäme ja ebaviisakas, siis kas me ei peaks palju ettevaatlikum olema Jumala nime sel moel kasutades?

Kõigeväeline Jumal tunneb iga elusolendi südant ja mõtteid otsekui oma peopesa. Ja Ta teab, kas nende iga tegu on kurja või hea motiiviga. Jumal jälgib oma lõõmavate silmadega igaühe elu ja mõistab igaühe üle kohut tema tegude kohaselt. Kui inimene tõesti usub seda, ei kasuta ta kindlasti Jumala nime vääriti ega tee

Tema vastu häbematu käitumise pattu.

Me peaksime veel meeles pidama, et need inimesed, kes tõesti armastavad Jumalat, ei peaks olema üksnes ettevaatlikud vaid Jumala nime kasutades, aga ka kõigi Temaga seotud asjade puhul. Jumalat tõesti armastavad inimesed kohtlevad ka kogudusehoonet ja koguduse vara veelgi hoolikamalt kui iseenda oma. Ja nad on väga hoolikad, kui neil on tegemist kogudusele kuuluva rahaga, hoolimata selle summa suurusest.

Kui te kogemata teete katki koguduse tassi, peegli või akna, kas te teete näo, et seda ei juhtunud ja unustate selle? Hoolimata sellest, kui väikesed need on, ei või Jumala ja Tema teenistuse jaoks spetsiaalselt eraldatud asju kunagi unarusse jätta ega neid vääriti kasutada.

Samuti peaksime me olema ettevaatlikud, et me ei mõistaks kohut ega halvustaks jumalainimest ega mingit Püha Vaimu juhitud juhtumit, sest need on otseselt Jumalaga seotud.

Kuigi Saul tegi Taaveti vastu palju kurja ja oli talle suureks ohuks, säästis Taavet lõpuks Sauli elu vaid sellepärast, et Saul oli Jumala võitud kuningas (1. Saamueli 26:23). Samamoodi on Jumalat armastav ja austav inimene väga ettevaatlik, kui ta tegeleb millegagi, mis on Jumalaga seotud.

Kolmandaks, Jumala nime väärkasutus tähendab Tema nimel valetamist.

Kui Vana Testamenti vaadata, olid Iisraelis ajaloo jooksul mõned valeprohvetid. Need valeprohvetid ajasid inimesed segadusse, andes neile teavet, väites, et see tuli Jumala käest, kuid tegelikult ei olnud see nii.

5. Moosese raamatus 18:20 hoiatab Jumal rangelt selliste inimeste eest. Ta ütleb: *„Aga prohvet, kes suurustledes räägib midagi minu nimel, mida mina ei ole teda käskinud rääkida, või kes räägib teiste jumalate nimel, see prohvet peab surema."* Kui keegi räägib Jumala nime kasutades valet, karistatakse teda selle eest surmaga.

Johannese ilmutuses 21:8 öeldakse: *„Aga argade ja uskmatute ja jäledate ja mõrtsukate ja hoorajate ja nõidade ja ebajumalateenijate ja kõigi valetajate osa on tule ja väävliga põlevas järves, see on teine surm."*

Kui teine surm on olemas, tähendab see esimese surma olemasolu. See tähistab selles maailmas Jumalasse uskumatute inimeste surma. Need inimesed lähevad alumisse hauda, kus neid karistatakse nende pattude eest valusalt. Teisest küljest, päästetud on pärast Isanda Jeesuse Kristusega Tema teise tuleku ajal õhus kohtumist maapealses rahuriigis tuhat aastat nagu kuningad.

Pärast tuhandeaastast rahuriiki tuleb suure valge trooni kohus, kus kõigi üle mõistetakse kohut ja nad saavad oma tegude kohaselt kas vaimsed tasud või karistuse. Sel ajal äratatakse ellu ka hinged, kes ei pääsenud ja igaüks läheb oma pattude raskuse kohaselt kas tulejärve või põlevasse väävlijärve. Seda tuntakse kui teist surma.

Piiblis öeldakse, et kõik valetajad surevad teist surma. Siin tähistatakse valetajatega igaüht, kes Jumala nime kasutades valetab. See ei piirdu vaid valeprohvetitega, aga ka inimestega, kes annavad Jumala nimel vande ja ei pea sellest kinni, kuna see on sama, mis Tema nimel valetamine ja seega Tema nime asjata suhu võtmine. 3. Moosese raamatus 19:12 ütleb Jumal: *„Ärge vanduge minu nime juures valet; sellega sa teotad oma Jumala nime! Mina olen Isand!"*

Kuid esineb usklikke, kes valetavad vahel Jumala nime kasutades. Nad võivad näiteks öelda: „Kui ma palvetasin, kuulsin ma Püha Vaimu häält. Ma arvan, et see oli Jumalast" isegi siis, kui Jumalal ei olnud asjaga tegemist. Või nad võivad millegi sündimist näha ja isegi kui see ei ole kindel, väita, et Jumal põhjustas selle. Kui tegu on tõesti Jumala teoga, on kõik korras, aga kui Püha Vaimu teoga ei ole tegemist ja seda kombekohaselt väidetakse, on tegu probleemiga.

Muidugi tuleb meil jumalalastena alati Püha Vaimu häält kuulata ja Temalt juhatust saada. Aga tähtis on teada, et te ei kuule alati ilmtingimata Püha Vaimu häält lihtsalt seetõttu, et te olete päästetud. Inimene kuuleb Püha Vaimu häält enese patust tühjendamise ja tõega täitumisega võrdväärse selgusega. Ja kui inimene ei ela tõe kohaselt ja läheb maailmaga kompromissile, ei suuda ta Püha Vaimu häält selgelt kuulata.

Kui keegi on täis väärust ja sildistab tormakalt ja suurustlevalt omaenese lihaliku mõtlemise tulemuse Püha Vaimu teoks, ei valeta ta ainult teiste inimeste ees, vaid samuti ka Jumala ees. Isegi kui ta tõesti kuulis Püha Vaimu häält, peaks ta püüdma diskreetseks jääda, kuni ta kuuleb Tema häält sajaprotsendiliselt. Seega me peaksime hoiduma järelemõtlematult millegi Püha Vaimu tööks kutsumisest ja me peaksime ka niisuguseid väiteid väga ettevaatlikult kuulama.

Sama reegel kehtib ka unenägude, nägemuste ja muude vaimsete kogemuste suhtes. Mõned unenäod on Jumalalt, aga teised võivad esineda inimese tugeva soovi või mure tõttu. Ja mõned unenäod võivad olla isegi saatana töö, seega me ei tohiks kunagi püsti karata, öeldes, et see unenägu oli Jumalast, kuna see oleks Jumala silmis ebasünnis tegu.

Vahel inimesed süüdistavad Jumalat katsumuste või raskuste tõttu, mis on tegelikult nende oma pattude tõttu saatana põhjustatud. Ja vahel inimesed omistavad Jumala nime harjumusest asjadele. Kui asjad sujuvad plaanipäraselt, räägivad nad, et Jumal õnnistas neid, aga raskustesse sattudes ütlevad nad: „Oh. Jumal sulges selle ukse." Mõned võivad tunnistada isegi usus, aga tähtis on teada, et tõelisest südamest tuleval tunnistusel ja kerglasel ja suurustleval südamel on suur vahe sees.

Õpetussõnades 3:6 öeldakse: *„Õpi Teda tundma kõigil oma*

teedel, siis Ta teeb su teerajad tasaseks!" Kud see ei tähenda, et kõigele tuleks alati panna Jumala püha nimesilt külge. Selle asemel püüab inimene, kes tunnustab Jumalat kõigil oma teedel, elada kogu aeg tõe sees ja kasutab seetõttu Jumala nime palju ettevaatlikumalt. Ja kui tal on vaja seda kasutada, teeb ta seda ustava ja diskreetse südamega.

Seega, kui me ei taha teha Jumala nime väärkasutuse pattu, peaksime me püüdma Tema sõna üle päeval ja ööl mõtiskleda, palves valvel olla ja olla täis Püha Vaimu. Üksnes seda tehes suudame me Püha Vaimu häält selgelt kuulda ja tegutseda Tema juhatusel õiglaselt.

Austage Teda alati, peetagu teid õilsaks

Jumal on täpne ja väga korrektne. Tollepärast on iga Ta Piiblis kasutatud sõna õige ja kohane. Kui te vaatate, kuidas Ta pöördub usklike poole, võite te näha, et Jumal kasutab olukorra jaoks täpselt õigeid sõnu. Näiteks, kellegi „vennaks" ja „armsamaks" kutsumisel on täiesti erinev toon ja tähendus. Vahel Jumal pöördub inimeste poole, kutsudes neid „isadeks" või „noormeesteks" või „lasteks" jne, kasutades täpselt õige määratlusega kohaseid sõnu, mis sõltuvad adressaadi usumõõdust (1. Korintlastele 1:10; 1. Johannesele 2:12-13, 3:21-22).

Sama kehtib püha Kolmainsuse nimede kohta. Me näeme,

et Kolmainsuse kohta kasutatakse eri nimesid: „Isand Jumal, Jehoova, Isa Jumal, Messias, Isand Jeesus, Jeesus Kristus, Tall, Isanda Vaim, Jumala Vaim, Pühitsetud Vaim, pühaduse Vaim, Püha Vaim, Vaim (1. Moosese raamat 2:4; 1. Ajaraamat 28:12; Laul 104:30; Johannese 1:41; Roomlastele 1:4).

Eriti Uues Testamendis kutsuti Jeesust enne kui Ta ristile läks nimedega „Jeesus, Õpetaja, Inimese Poeg", aga pärast Ta surma ja ülestõusmist kutsuti Teda nimedega „Jeesus Kristus, Isand Jeesus Kristus, Jeesus Kristus Naatsaretist" (1. Timoteosele 6:14; Apostlite teod 3:6).

Enne Jeesuse ristilöömist ei olnud Ta veel oma Päästja missiooni lõpuleviinud, seega Teda kutsuti „Jeesuseks", mis tähendab „Tema, kes päästab inimesed nende pattudest" (Matteuse 1:21). Aga pärast Ta missiooni täitmist kutsuti Teda „Kristuseks", milles sisaldub „Päästja" tähendus.

Jumal on täiuslik ja tahab, et ka meie oleksime oma sõnades ja tegudes õiged ja täiuslikud. Seega, mil iganes me räägime Jumala pühast nimest, peame me seda väljendama nii korrektselt kui võimalik. Sellepärast Jumal ütleb 1. Saamueli 2:30 lõpus: *„Sest kes austab mind, seda austan mina, ja kes mind põlgab, saab põlatavaks."*

Seega, kui me tõesti hindame Jumalat ja austame Teda väga, kogu südamest, ei tee me kunagi Tema nime väärkasutamise viga ja me oleme alati jumalakartlikud. Seega, ma palun, et te võiksite alati palves valvata ja oma südames valvsad olla, et teie elu tooks Jumalale au.

5. peatükk

Neljas käsk

„Pea meeles, et sa pead hingamispäeva pühitsema!"

2. Moosese raamat 20:8-11

„*Pea meeles, et sa pead hingamispäeva pühitsema! Kuus päeva tee tööd ja toimeta kõiki oma talitusi, aga seitsmes päev on Isanda, sinu Jumala hingamispäev. Siis sa ei tohi toimetada ühtegi talitust, ei sa ise ega su poeg ja tütar, ega su sulane ja teenija, ega su veoloom ega võõras, kes su väravais on! Sest kuue päevaga tegi Isand taeva ja maa, mere ja kõik, mis neis on, ja Ta hingas seitsmendal päeval: seepärast Isand õnnistas hingamispäeva ja pühitses selle.*"

Pärast Kristuse vastuvõtmist ja jumalalapseks saamist tuleb teil esiteks Jumalat igal pühapäeval kummardada ja kogu kümnis Talle anda. Kogu kümnise ja ohvriandide andmine näitab teie usku Jumala meelevalda kõigi füüsiliste ja materiaalsete asjade üle ja hingamispäeva pühitsemine näitab teie usku Jumala meelevalda kõigi vaimsete asjade üle. (Vaadake Hesekiel 20:11-12).

Kui te tegutsete usus, tunnistades Jumala vaimset ja füüsilist meelevalda, kaitseb Jumal teid õnnetuste, kiusatuste ja häda eest. Kümnise andmisest räägime me üksikasjalikumalt 8. peatükis, seega käesolevas peatükis keskendutakse spetsiaalselt hingamispäeva pühaks pidamisele.

Miks pühapäevast sai hingamispäev

Jumalale pühendatud puhkepäeva kutsutakse „hingamispäevaks." Hingamispäev algas siis, kui Looja Jumal moodustas universumi ja inimese kuue päevaga ja puhkas siis seitsmendal päeval (1. Moosese raamat 2:1-3). Jumal õnnistas seda päeva ja tegi selle pühaks, pannes ka inimese sellel päeval puhkama.

Vana Testamendi ajal oli hingamispäev tegelikult laupäeval. Ja isegi tänapäeval peavad juudid laupäeva sabatipäevaks. Kuid Uue Testamendi aja alguses sai pühapäevast hingamispäev ja me hakkasime seda päeva „Isanda päevaks" kutsuma. Johannese 1:17 öeldakse: *„Seadus on ju antud Moosese kaudu, arm ja tõde aga tulnud Jeesuse Kristuse kaudu."* Ja Matteuse 12:8 öeldakse: *„Sest Inimese Poeg on hingamispäeva isand."* Ja täpselt nii sündiski.

Miks siis hingamispäev muutus laupäevast pühapäevaks? See juhtus, sest kogu inimkond suudab Jeesuse Kristuse kaudu pühapäeval tõeliselt puhata.

Esimese inimese Aadama sõnakuulmatuse tõttu sai kogu inimkond patu orjaks ja neil ei olnud tõelist hingamispäeva. Inimene võis süüa ainult oma palehigiga ja pidi kannatama ja nutma kurbuse, haiguse ja surma tõttu. Sellepärast tuli Jeesus sellesse maailma inimlikul füüsilisel kujul ja Ta löödi risti kogu inimkonna pattude tasumiseks. Ta suri ja äratati kolmandal päeval taas ellu. Ta võitis surma ja Temast sai ülestõusmise esmavili.

Seega Jeesus lahendas patuküsimuse ja Ta andis hingamispäevale järgneval esimesel päeval – pühapäeva aovalguses kogu inimkonnale tõelise hingamispäeva. Sel põhjusel sai Uue Testamendi ajal pühapäev — päev, mil Jeesus Kristus tegi lõplikult valmis kogu inimkonna päästetee — hingamispäevaks.

Jeesus Kristus, hingamispäeva Isand

Ka Isanda jüngrid määrasid pühapäeva hingamispäevaks, sest nad said hingamispäeva vaimsest tähendusest aru. Apostlite tegudes 20:7 kirjutatakse: *"Aga nädala esimesel päeval, kui me olime kogunenud leiba murdma"* ja 1. Korintlastele 16:2 kirjutatakse: *"Iga nädala esimesel päeval pangu igaüks teist midagi tallele oma jõudu mööda, kuidas ta käsi lubab, et raha ei korjataks alles siis, kui ma tulen."*

Jumal oli hingamispäeva muutusest ette teadlik, seega Ta vihjas sellele Vanas Testamendis, kui Ta ütles Moosesele: *"Räägi Iisraeli lastega ja ütle neile: Kui te tulete maale, mille mina teile annan, ja lõikate selle vilja, siis viige oma lõikusest uudsevihk preestrile! Tema kõigutagu seda vihku Isanda ees, et te saaksite meelepäraseks; preester kõigutagu seda hingamispäevale järgneval päeval! Ja päeval, mil te vihku kõigutate, ohverdage Isandale põletusohvriks üks veatu aastane oinastall"* (3. Moosese raamat 23:10-12).

Jumal ütles iisraellastele, et kui nad läksid Kaananmaale, pidid nad oma esiteks lõikuseks saadud vilja hingamispäevale järgneval päeval ohvriks tooma. Esiteks lõikuseks koristatud vili sümboliseerib Isandat, kes sai ülestõusmise esmaviljaks. Ja üheaastane veatu tall sümboliseerib samuti Jeesust Kristust, Jumala Talle.

Neist salmidest võib näha, et hingamispäevale järgneval

päeval, pühapäeval, andis Jeesus, kellest sai rahuohver ja ülestõusmise esmavili, ülestõusmise ja tõelise hingamispäeva kõigile, kes Temasse usuvad.

Sellepärast sai pühapäevast, mis oli Jeesuse Kristuse ülestõusmise päev, tõelise rõõmu ja tänu päev; päev, mil eostati uus elu ja igavese elu tee avanes; ja päev, mil tõeline hingamispäev sai lõpuks aset leida.

„Pea meeles, et sa pead hingamispäeva pühitsema!"

Aga miks Jumal tegi hingamispäeva pühaks ja miks Ta käsib oma rahval seda pühitseda?

See sünnib, sest kuigi me elame füüsiliselt ajendatud maailmas, tahab Jumal, et me meenutaksime ka vaimumaailma asju. Ta tahtis teha kindlaks, et meie lootus ei seisneks ainult maailma kaduvates asjades. Ta tahtis, et me peaksime meeles universumi Isandat ja Loojat ja et meil oleks tõelise ja igavese hingamispäeva lootus Tema riigis.

2. Moosese raamatu 20. peatüki 9.-10. salmides öeldakse: *„Kuus päeva tee tööd ja toimeta kõiki oma talitusi, aga seitsmes päev on Isanda, sinu Jumala hingamispäev. Siis sa ei tohi toimetada ühtegi talitust, ei sa ise ega su poeg ja tütar, ega su sulane ja teenija, ega su veoloom ega võõras, kes su*

väravais on!" See tähendab, et hingamispäeval ei tohiks mitte keegi tööd teha. Selle alla kuulute teie, teie teenijad, teie loomad ja iga külaline teie kodus.

Sellepärast ei lubata õigeusu juutidel hingamispäeval toitu valmistada, teisaldada midagi rasket ega kaugele reisida. See sünnib, kuna kõiki neid tegevusi peetakse tööks ja seega need ei ole vastavuses hingamispäeva reeglitega. Aga need piirangud on inimeste tehtud ja vanemate poolt nende järeltulijatele edasi antud, seega ei ole tegu Jumala reeglitega.

Näiteks, kui juudid otsisid Jeesuse süüdistamiseks alust, nägid nad kuivetunud käega meest ja küsisid Jeesuse käest: „Kas hingamispäeval on seaduspärane inimest terveks teha?" Nad arvasid isegi, et hingamispäeval haige terveks tegemine oli „töö" ja pidasid seda seega ebaseaduslikuks.

Selle peale vastas Jeesus neile: *„Aga Tema ütles neile: Kes on teie seast inimene, kellel on üksainus lammas ja kui see kukub auku hingamispäeval, et ta ei haara temast kinni ega tõmba teda välja? Kui palju tähtsam lambast on nüüd inimene! Tähendab, hingamispäeval tohib teha head"* (Matteuse 12:11-12).

Hingamispäeva pühaks pidamine, millest Jumal räägib, ei tähenda lihtsalt mingist tööst hoidumist. Kui uskmatud puhkavad tööst ja on kodus või lähevad meelt lahutama, on tegu füüsilise puhkusega töötegemisest. Seda ei peeta „hingamispäevaks", sest see ei anna meile tõelist elu. Esiteks tuleb meil mõista „hingamispäeva" vaimset tähendust, et seda pühaks pidada ja Jumala esialgse kavatsuse kohaselt õnnistatud olla.

Jumal tahab, et me sel päeval puhkaksime füüsilise puhkuse asemel vaimselt. Jesaja 58:13-14 selgitatakse, et hingamispäeval peaksid inimesed enesele meelepärase tegemisest ja oma viiside järgimisest, tühiste sõnade rääkimisest või maailma meelelahutuste nautimisest hoiduma. Selle asemel peaksid nad seda päeva pühaks pidama.

Hingamispäeval ei tohiks inimene maailma sündmustesse takerduda, vaid peaks minema kogudusse, mis on Isanda ihu; võtma eluleiba, mis on Jumala Sõna; olema Isandaga palve ja kiituse kaudu osaduses ja Isandas vaimselt puhkama. Osaduse teel peaksid usklikud üksteisega Jumala armu jagama ja üksteise usku üles ehitada aitama. Kui me puhkame niimoodi vaimselt, muudab Jumal meie usu täiskasvanuks ja meie hinge lugu on hea.

Kuid mida täpselt tuleks teha, et hingamispäeva pühitseda?

Esiteks tuleb meil hingamispäeva õnnistusi soovida ja end puhasteks astjateks ette valmistada.

Hingamispäev on päev, mille Jumal eraldas pühana ja see on rõõmupäev, mil Jumal õnnistab meid. 2. Moosese raamatu 20:11 lõpus öeldakse: *„Seepärast Isand õnnistas hingamispäeva ja pühitses selle"* ja Jesaja 58:13 öeldakse: *„Kui sa nimetad hingamispäeva rõõmuks ja Isanda püha päeva* *austusväärseks."*

Isegi tänapäeval hakkavad iisraellased hingamispäevaks eelmisel päeval ette valmistuma, sest nad peavad laupäeval sabatit nii nagu Vana Testamendi ajal. Neil on kogu toit ette valmistatud ja kui nad peavad kodunt eemal tööd tegema, korraldavad nad oma asjad nii, et nad jõuaksid hiljemalt reede õhtuks kiiruga koju tulla.

Meiegi peame oma südame valmistama hingamispäevaks enne pühapäeva ette. Igal nädalal peaksime me alati enne pühapäeva saabumist palves valvel olema ja püüdma igal ajal tões elada, et me ei püstitaks Jumala ja enese vahele mingisuguseid patumüüre.

Seega, hingamispäeva pühaks pidamine ei tähenda vaid ühe päeva Jumalale andmist. See tähendab kogu nädala jooksul Jumala Sõna kohast elu. Ja seetõttu, kui me tegime nädala jooksul midagi Jumalale vastuvõtmatut, peaksime me meelt parandama ja pühapäevaks puhta südamega ette valmistuma.

Pühapäeval Jumalat ülistama tulles peame me Jumala ette tänuliku südamega tulema. Me peame Tema ette tulema rõõmsa ja ootusest tulvil südamega, nagu pruut, kes ootab peigmeest. Me võime end niisuguse suhtumisega füüsiliselt vaniskäimisega ette valmistada ja võib-olla minna isegi habemeajaja juurde või juuksurisalongi, et olla kindlasti korralik ja hoolitsetud.

Me võime tahta isegi oma kodu koristada. Me peaksime

aegsasti koguduses kandmiseks välja otsima korralikud ja puhtad rõivad. Me ei tohiks laupäeva hilisõhtul mingite pühapäeva alguseni kestvate maailmalike asjadega tegemist teha. Me peaksime hoiduma tegevusest, mis võib takistada ülistust, mida me toome Jumalale pühapäeval. Samuti tuleks meil püüda oma südant vaos hoida, et me ei ärrituks, ei vihastuks ega läheks enesest välja, et me võiksime Jumalat vaimus ja tões kummardada.

Seetõttu me peaksime põnevil ja armastava südamega pühapäeva ootama ja end ette valmistama, et me oleksime Jumala armu vastuvõtmiseks vääriline astjas. See laseb meil kogeda vaimset hingamispäeva Isandas.

Teiseks, me peame kogu pühapäeva täiesti Jumalale andma.

Isegi usklike hulgas on inimesi, kes annavad Jumalale ainult ühe pühapäevahommikuse ülistusteenistuse ja jätavad siis õhtusele teenistusele tulemata. Nad teevad seda kas puhkuseks või meelelahutuseks või muu tegevusega tegelemiseks. Kui me tahame tõesti jumalakartliku südamega hingamispäeva õieti pühitseda, peame me kogu päeva pühaks pidama. Me jätame pärastlõunastele teenistustele minemata, et teha erinevaid asju, kuna me laseme oma südamel järgida lihale meelepärast ja siis taotleme me maailmalikke asju.

Niisuguse suhtumisega on väga lihtne hommikuse

teenistuse ajal muude mõtete tõttu hajali olla. Ja isegi kui me tulime kogudusse, ei suuda me Jumalat tõeliselt kummardada. Ülistuse ajal võivad meie peas olla mõtted nagu: „Ma lähen koju ja lõõgastun kohe kui teenistus otsa saab" või „Oh, kas pole tore sõpradega pärast kogudust kokku saada" või „Ma parem kiirustan ja teen poe lahti niipea kui teenistus on läbi." Igasugused mõtted liiguvad peast läbi ja me ei suuda sõnumile keskenduda või me võime ülistuse ajal isegi unine ja väsinud olla.

Muidugi võib vastpöördunute tähelepanu lihtsalt hajuda, kuna nende usk on alles värske või nad võivad unised olla, sest nad on füüsiliselt väga väsinud. Kuna Jumal teab igaühe usumõõtu ja näeb igaühe südamepõhja, halastab Ta nende peale. Aga kui keegi, kellel peaks olema märkimisväärne usumõõt, on hajevil ja jääb ülistuse ajal magama, ei austa ta lihtsalt Jumalat.

Hingamispäeva pühaks pidamine ei tähenda lihtsalt pühapäeval koguduse hoones füüsiliselt olemist. See tähendab, et me hoiame end kogu oma südamest Jumalale keskendunult. Üksnes siis, kui me kummardame Jumalat kogu pühapäeva õieti, tehes seda vaimus ja tões, võtab Ta ülistuse kaudu meie südame meeldiva lõhna rõõmuga vastu.

Hingamispäeva pühitsemiseks on samuti tähtis, kuidas te veedate pühapäevast ülistusvälist aega. Me ei peaks mõtlema: „Kuna ma käisin ülistusteenistusel, olen ma kogu vajaliku teinud." Pärast ülistusteenistust peame me teiste usklikega osaduses olema ja jumalariiki teenima kogudust koristades või koguduse parklas liiklust reguleerides või koguduses muud vabatahtlikku tööd tehes.

Pärast päeva lõppu, kui me läheme koju puhkama, peaksime me hoiduma meelelahutustest, mille ainus eesmärk on meile rõõmu valmistada. Selle asemel peaksime me mõtisklema päeva jooksul kuuldud sõnumi üle või veetma aega perega Jumala armust ja tõest rääkides ja vesteldes. Hea mõte oleks telerit mitte vaadata, aga kui me juhtume seda tegema, siis tuleks meil püüda hoiduda teatud liiki saadetest, mis võivad meis himu tekitada või panna meid maailmalikke nauinguid otsima. Selle asemel vaadake saateid, mis on terved, puhtad ja mis veelgi parem, usupõhised.

Kui me näitame Jumalale, et me püüame kõigega Talle meelepärane olla, isegi väikestes asjades, võtab Jumal, kes näeb meie südamepõhja, meie ülistuse rõõmuga vastu, täidab meid Püha Vaimu täiusega ja õnnistab meid nii, et me võime tõeliselt puhata.

Kolmandaks, me ei või maailmalikku tööd teha.

Nehemja, Iisraeli valitseja Pärsia kuninga Artaxerxese ajal, ei ehitanud üles vaid Jeruusalemma linnamüüre. Ta tegi ka kindlaks, et inimesed pühitseksid hingamispäeva.

Sellepärast keelas ta hingamispäeval töö tegemise või müümise ja ta ajas isegi minema inimesed, kes magasid linnamüüride ääres või kes ootasid seal, et ajada äri hingamispäeva järgsel päeval.

Nehemja 13:17-18 hoiatab Nehemja oma rahvast: *"Mis kõlvatu tegu see on, mida te teete, et te hingamispäeva teotate? Eks teinud teie vanemad nõndasamuti ja eks lasknud meie Jumal tulla kogu selle õnnetuse meie ja selle linna peale?"* Nehemja ütleb seda, et hingamispäeval töötamine rikub hingamispäeva ja õhutab Jumala viha üles.

Kes iganes rikub hingamispäeva, ei tunnusta Jumala meelevalda ega usu Tema lubadust õnnistada neid, kes pühitsevad hingamispäeva. Sellepärast ei saa õiglane Jumal neid kaitsta ja häda on nende poole teel.

Jumal käsib ikkagi ka tänapäeval meil sama teha. Ta käsib kuus päeva palju tööd teha ja seitsmendal päeval puhata. Ja kui me peame hingamispäeva ning pühitseme seda, ei anna Jumal meile üksnes piisavalt, et seitsmendal päeval tööd tehes teenida võidud tulu kompenseerida, aga Ta õnnistab meid nii palju, et meie „varaaitades" on enam kui küllalt.

Kui vaadata 2. Moosese raamatu 16. peatükki, võib näha, et kui Jumal andis iisraellastele iga päev mannat ja vutte, valas Ta kuuendal päeval teiste päevadega võrreldes topeltportsjoni alla, et nad võiksid hingamispäevaks toidu ette valmistada. Iisraellaste seas olid mõned, kes olid isekad ja läksid hingamispäeval mannat koguma, kuid naasid tühjade kätega.

Sama vaimne seadus kehtib tänapäeval meile. Kui jumalalaps ei pühitse hingamispäeva ja otsustab sel päeval tööd teha, võib ta saada lühiajalist tulu, kuid pikemas perspektiivis kogeb ta ühel ja teisel põhjusel tegelikult kahju.

Asja tuum on selles, et isegi kui tundub, et te sel ajal saate tulu, juhtub teil Jumala kaitseta kindlasti mingi ettenägematu probleem. Näiteks, te võite sattuda õnnetusse või haigestuda, mis toob lõpuks kaasa suurema kahju, kui mingi saadud tulu.

Aga vastupidiselt, kui te peate hingamispäeva ja pühitsete seda, valvab Jumal teid ülejäänud nädala ajal ja viib teid küllusesse. Püha Vaim juhatab teid oma tulesambaga ja kaitseb teid haigestumise eest. Ta õnnistab teid ja teie tööd, teie töökohta ja kõike muud, kuhu te lähete.

Sellepärast tegi Jumal selle üheks kümnes käsus sisalduvast käsust. Ta kehtestas isegi tõsise karistuse, hingamispäeval tööd tegemas leitud inimesed visati kividega surnuks, et Tema rahvas peaks seega hingamispäeva meeles ja ei unustaks selle tähtsust ning ei läheks igavese surma teerada pidi (4. Moosese raamat, 15. peatükk).

Hetkest, kui ma võtsin Kristuse oma ellu vastu, tegin ma kindlaks, et ma pean hingamispäeva ja pühitsen seda. Enne koguduse rajamist oli mul raamatupood. Pühapäeviti tulid paljud inimesed poodi ja tahtsid raamatuid laenutada või tagastada. Ja iga kord kui see juhtus, ütlesin ma: „Täna on Isanda päev ja pood on seetõttu suletud" ja ma ei tegelenud sellel päeval ettevõtlusega. Selle tulemusel valas Jumal kuue tööpäeva peale, mil me töötasime, tegelikult nii palju õnnistust, et me ei pidanud kunagi isegi enam mõtlema pühapäeval töötamise peale!

Hingamispäeval lubatud töötamine või äritegevus

Piiblit vaadates võib näha, et esines juhtumeid, mil hingamispäeval töö tegemine oli lubatud. Need olid juhtumid, mil töö oli vajalik Isanda töö tegemise jaoks või heategudeks nagu näiteks inimelude päästmiseks.

Matteuse 12:5-8 öeldakse: *„Või kas te ei ole lugenud Seadusest, et preestrid rikuvad pühakojas hingamispäeva ja on siiski ilma süüta? Ent mina ütlen teile, siin on see, kes on suurem kui pühakoda! Kui te oleksite mõistnud, mida tähendab: Ma ei taha ohvrit, vaid halastust, siis te ei oleks mõistnud hukka süütuid, sest Inimese Poeg on hingamispäeva isand."*

Kui preestrid tapavad hingamispäeval põletusohvri toomiseks loomi, ei peeta seda tööks. Seega igasugust tööd, mida hingamispäeval Isandale tehakse, ei peeta hingamispäeva rikkumiseks, sest Ta on hingamispäeva Isand.

Näiteks, kui kogudus tahab koorile ja õpetajatele koguduses suure töö eest einet pakkuda, aga koguduses ei ole kohvikut ega õigeid hooneid, kus seda teha, on kogudusel lubatud neile mujalt toitu osta, sest Jeesus Kristus on hingamispäeva Isand ja sel juhul tähendab toidu ostmine, et seda tehakse Isanda töö jaoks. Muidugi oleks ideaalsem, kui toitu saaks koguduses valmistada.

Kui pühapäeval on koguduses avatud raamatupood, ei peeta seda hingamispäeva rikkumiseks, sest koguduse raamatupoes müüdavaid esemeid ei peeta maailma asjadeks, vaid tegu on asjadega, mis toovad Isandasse uskujatele elu. Nende hulka kuuluvad Piiblid, lauluraamatud, jutluste salvestused ja muud kogudusega seotud asjad. Samuti on lubatud ka müügiautomaadid ja kogudusesisesed söögikohad, sest need on usklikele hingamispäeval abiks. Sellest müügist saadud tulu kasutatakse misjonitöö ja hea tahte organisatsioonide tegevuse toetamiseks, seega need erinevad kogudusevälisest ilmalikust müügitulust.

Jumal ei pea mõningaid hingamispäeval tehtavaid töid hingamispäeva rikkumiseks, nagu näiteks tööd, mida tehakse sõjaväes, politseiüksustes, haiglates. Need on tööd, mida tehakse inimelude kaitseks ja heategude tegemiseks. Aga kui te sattute sellesse kategooriasse, peaksite te püüdma Isandale keskenduda, isegi kui see tähendab, et te teete seda üksnes oma südames. Teie süda peaks hingamispäeva pidamiseks tahtma võimalse korral ülemuse käest seda päeva vabaks küsida.

Kuidas on usklikega, kes peavad oma pulmatalitust

pühapäeval? Kui nad väidavad, et nad on usklikud ja nad peavad oma pulmatalitust Isanda päeval, näitab see, et nad on alles oma usuelu alguses. Aga kui nad otsustavad oma pulma pühapäeval pidada ja mitte keegi nende kogudusest ei tule nende pulma, võivad nad solvuda ja libastuda oma usuteel. Sellisel juhul võivad koguduseliikmed pühapäevase ülistusteenistuse järgselt nende pulmatalitusel osaleda.

See on abielluvate isikute suhtes hoolivuse näitamiseks ja solvumise ja usuelus libastumise vältimiseks. Aga teie jaoks ei ole vastuvõetav pärast tseremooniat jääda vastuvõtule, mis on ette nähtud külaliste mõnusaks ajaveetmiseks.

Peale nende juhtude võib hingamispäeva asjus esineda palju rohkem küsimusi. Aga kui te olete Jumala südant mõistnud, võite te neile küsimustele lihtsalt vastuse leida. Kui te vabanete oma südames igasugusest kurjusest, suudate te pärast seda Jumalat kogu südamest ülistada. Te võite tegutseda teiste hingede vastu siirast armastust tundes, selle asemel, et saduseride ja variseride kombel nende üle inimeste tehtud reeglite ja ettekirjutuste alusel kohut mõista. Te võite kogeda tõelist hingamispäeva Isandas, Isanda Päeva rüvetamata. Siis teate te Jumala tahet igas olukorras. Te teate, mida teha Püha Vaimu juhatusel ja te kogete alati tõe alusel elades vabadust.

Jumal on armastus ja kui Ta lapsed täidavad Ta käsuseadusi ja teevad seda, mis on Talle meeltmööda, saavad nad Temalt kõik, mida nad paluvad (1. Johannese 3:21-22). Ta ei vala meid üksnes armuga üle, aga Ta ka õnnistab meid nii, et me võime olla rikkad ja edukad igas eluvaldkonnas. Elu lõpus viib Ta meid Taeva parimasse elukohta.

Ta valmistas meie jaoks Taeva, et me võiksime pruudi ja peigmehe kombel oma Isandaga Taevas igavesti armastust ja õnne kogeda. See on tõeline hingamispäev, mis Jumalal on meie jaoks varuks. Seetõttu ma palun, et teie usk saaks küpseks ja kasvaks iga päevaga, kui te pühitsete hingamispäeva ning peate seda täielikult ja pühana.

6. peatükk

Viies käsk

— ⚜ —

„Sa pead oma isa ja ema austama"

2. Moosese raamat 20:12

„Sa pead oma isa ja ema austama, et su elupäevi pikendataks sellel maal, mille Isand, su Jumal, sulle annab!"

Ühel külmal talvel, kui Korea tänavad olid täis kannatavaid pagulasi, kes olid pagenud Korea Sõja laastava mõju eest, oli üks naine kohe sünnitama hakkamas. Ta pidi oma plaanitud sihtkohta jõudmiseks veel mitmeid miile edasi minema, kuid kuna ta emakas tõmbus tugevamini ja sagedamini kokku, ronis ta ettevaatlikult mahajäetud silla alla. Ta lamas külma jäise maa peal ja kannatas sünnitusvalusid üksinda ning tõi ilmale väikese lapse. Siis kattis ta verise imiku oma riietega ja hoidis teda oma rinna peal.

Mõni aeg hiljem kuulis silla juurest möödaminev Ameerika sõdur lapse nuttu. Ta järgis nutuhäält ja leidis surnud, külmunud, alasti naise, kes oli kühmus riietega kaetud nutvat last varjates. Nii nagu selle loo naine, armastavad vanemad oma lapsi nii palju, et nad on lihtsalt ja isetult valmis oma elu nende eest andma. Aga kui palju suurem on siis Jumala tingimusteta armastus meie vastu?

„Sa pead oma isa ja ema austama"

„Austa oma isa ja ema" tähendab vanemate tahte kohast tegutsemist ja nende teenimist siira austuse ja viisakusega. Meie vanemad sünnitasid ja kasvatasid meid. Vanemateta ei oleks meid olemas. Seega, isegi kui Jumal ei oleks seda kümne käsu hulka lisanud, oleksid heasüdamlikud inimesed oma vanemaid niikuinii austanud.

Jumal andis meile käsu oma isa ja ema austada, sest nii nagu Ta mainib Efeslastele 6:1: *„Lapsed, olge kuulekad oma vanemaile Isandas, sest see on õige!"*, Ta tahab, et me austaksime oma vanemaid Tema Sõna alusel. Kui te ei kuuletu Jumala Sõnale, et oma vanematele meelepärane olla, ei austa te tegelikult neid.

Näiteks, kui te olete pühapäeval kogudusse minemas ja vanemad ütlevad: „Ära mine täna kogudusse. Oleme täna pereringis," siis mida teil tuleks teha? Kui te kuuletute vanematele, et neile meelepärane olla, ei austa te tegelikult neid. Siis te rikute hingamispäeva ja lähete vanematega igavese pimeduse suunas.

Isegi kui te kuuletute ja teenite neid lihas hästi, kuna see on vaimselt tee igavesse põrgusse, kuidas te saate öelda, et te armastate tõeliselt oma vanemaid? Te peate esiteks Jumala tahte kohaselt käituma ja siis püüdma oma vanemate südant liigutada, et te kõik võiksite koos Taevasse minna. See austab neid tõeliselt.

2. Ajaraamatus 15:16 öeldakse: *„Ja kuningas Aasa kõrvaldas isegi oma vanaema Maaka kui valitsejanna, sellepärast et too oli teinud Ashera häbikuju; Aasa hävitas tema häbikuju, purustas selle ja põletas Kidroni jõe ääres."*

Kui mingi riigi valitsejanna kummardab ebajumalaid, on ta Jumala vastu vaenulik ja läheb igavese hukkamõistu suunas. Sellele lisaks ohustab ta ka oma alamaid, pannes nad ebajumalaid kummardama ja temaga sama hukkamõistu alla langema. Sellepärast ei püüdnud Aasa, kuigi Maaka oli tema vanaema, temale kuuletudes talle meeltmööda olla, vaid selle asemel kõrvaldas ta tema valitsejanna positsioonilt, et ta parandaks Jumala ees oma valetegudest meelt ja inimesed võiksid ärgata ja teha sedasama.

Aga kuningas Aasa vanaema kõrvaldamine valitsejanna positsioonilt ei tähendanud, et ta oleks oma pojakohused täitmata jätnud. Ta armastas tema hinge ja respekteeris ja austas teda emana võrdväärselt.

Selleks, et öelda: „Ma austasin tõesti oma vanemaid," tuleb meil aidata oma uskmatutel vanematel pääste vastu võtta ja Taevasse minna. Kui meie vanemad on juba usklikud, peame me aitama neil parimasse taevasesse elukohta minna. Samal ajal peame me samuti maa peal elades püüdma neid Jumala tões teenida ja nii palju kui me saame neile meeltmööda olla.

Jumal on meie vaimu isa

„Sa pead oma isa ja ema austama" tähendab lõppude-lõpuks sama, mis „Täitke Jumala käske ja austage Teda." Kui keegi tõesti austab Jumalat kogu südamest, austab ta ka oma vanemaid. Ja sarnaselt, kui keegi teenib oma vanemaid siiralt, teenib ta ka Jumalat siiralt. Aga tõde on selles, et kui kahe vahel tuleb valida, peaks Jumal esikohal olema.

Näiteks, paljudes kultuurides kui isa ütleb pojale: „Mine itta!", siis poeg kuuletub ja läheb itta. Aga kui vanaisa ütleb: „Ei, ära mine itta. Mine läände!", siis on pojal õigem isale öelda, et vanaisa käskis tal läände minna ja seejärel läände minna.
Kui isa austab tõesti oma isa, ei vihastu ta pelgalt seetõttu, et ta poeg kuuletus tema asemel vanaisale. Selline vanemate austamine vastavalt nende vanuseastmele, kehtib ka meie osaduses Jumalaga.

Jumal lõi ja andis elu meie isale, vanaisale ja kõigile esivanematele. Inimene luuakse sperma ja munaraku kooslusest. Aga Jumal annab inimesele peamise eluseemne.
Meie nähtav ihu on üksnes ajutine telk, mida me kasutame üürikese aja jooksul selle maapealse elu käigus. Aga Jumal, kes on meist igaühe tõeline isand, on meis olev vaim. Hoolimata sellest, kui targaks ja teadlikuks inimkond ka ei muutuks, mitte keegi ei suuda inimvaimu kloonida. Ja isegi kui inimene suudab inimrakke kloonida ja inimkuju luua, ei saa me seda kuju inimolendiks kutsuda, kui Jumal ei anna talle vaimu.

Seega, Jumal on meie vaimu tõeline isa. Kui me teame seda, peaksime me andma oma parima, et oma füüsilisi vanemaid teenida ja austada, aga me peaksime Jumalat veelgi enam armastama, teenima ja austama, sest Tema on elu alustaja ja andja.

Seepärast ei mõtle arusaaja lapsevanem kunagi: „Ma sünnitasin lapse, seega ma võin temaga teha ükskõik, mida ma tahan." Nii nagu kirjutatakse Laulus 127:3: „*Vaata, lapsed on pärisosa Isandalt, ihusugu on tasu Temalt*", usuga vanemad peavad oma last Jumalalt saadud ettevõtmiseks ja hindamatuks hingeks, keda tuleks alati üles kasvatada Jumala ja mitte nende endi tahte kohaselt.

Kuidas austada Jumalat, meie vaimu isa

Aga mida me peaksime siis tegema, et austada Jumalat, kes on meie vaimu isa?

Kui te tõesti oma vanemaid austate, peaksite te neile kuuletuma ja nende südamesse rõõmu ja tröösti tuua püüdma. Samamoodi, kui te soovite Jumalat tõesti austada, peaksite te Teda armastama ja Tema käsuseadusi täitma.

Nii nagu kirjutatakse 1. Johannese 5:3: „*See ongi Jumala armastamine, et me peame Tema käske, ja Tema käsud ei ole rasked*", kui te tõesti armastate Jumalat, peaks teile meeldima Tema käske täita.

Jumala käsud sisalduvad Piibli kuuekümne kuue raamatusse kirja pandud sõnades. Nimelt, seal on sõnad nagu „armasta, andesta, tee rahu, teeni, palveta" jne, kus Jumal käsib meil midagi teha ja seal on sõnad nagu „ära vihka, ära mõista hukka, ära ole üleolev" jne, kus Jumal keelab meil midagi teha. Seal on ka sõnad nagu „saa lahti igasugusest patust" jne, kus Jumal käsib meil meie elus millestki vabaneda ja sõnad nagu „pühitsege hingamispäeva" jne, kus Jumal käseb meil millestki kinni pidada.

Üksnes siis, kui me tegutseme Piiblisse kirja pandud käskude kohaselt ja saame kristlasena Jumalale meeldivaks lõhnaks, võime me öelda, et me austame tõeliselt Isa Jumalat.

On lihtne näha, et Jumalat armastavad ja austavad inimesed armastavad ja austavad ka oma füüsilisi vanemaid, sest Jumala käskudes sisaldub juba meie vanemate austamine ja armastus meie vendade vastu.

Kas te ehk armastate Jumalat ja annate oma parima, et Teda koguduses teenida, aga jätate oma vanemad kodus mingil moel tähelepanuta? Kas te olete kunagi alandlikud ja lahked oma vendade ja õdede ees, aga olete vahel jämedad ja solvavad oma perekonna vastu kodus? Kas te seisate vanadele vanematele vastu sõnade ja tegudega, mis näitavad nördimust ja ütlevad, et nende sõnad on arutud?

Muidugi võib esineda kordi, kui teil ja teie vanematel on vastukäivad arvamused sugupõlvede, hariduse või kultuurierinevuste tõttu. Aga me peaksime alati püüdma oma vanemate arvamusi esiteks hinnata ja austada. Kuigi meil võib olla õigus, peaksimeme suutma oma arvamused nende omadele allutada, kui need ei lähe Piibli vastu.

Me ei tohiks kunagi unustada oma vanemaid austada, mõistes, et me saime siiani nende armastuse ja toodud ohvrite tõttu elada ja täiskasvanuks saada. Mõed inimesed võivad arvata, et vanemad ei teinud mitte kunagi nende jaoks midagi ja neil võib olla raske vanemaid austada. Aga isegi kui mõned vanemad ei olnud oma vanemakohustes ustavad, peame me pidama, et meid sünnitanud vanemate austamine on peamine inimlik viisakusakt.

Kui te armastate Jumalat, austage oma vanemaid

Jumala ja vanemate austamine käivad käsikäes. 1. Johannese 4:20 öeldakse: *„Kui keegi ütleb: „Mina armastan Jumalat", ja vihkab oma venda, siis ta on valelik, sest kes ei armasta oma venda, keda ta näeb, ei suuda armastada Jumalat, keda ta ei ole näinud."*

Kui keegi väidab, et ta armastab Jumalat, aga ta ei armasta oma vanemaid ega ela oma vendade ja õdedega rahujalal, siis on see inimene silmakirjalik ja valetab. Sellepärast näeme me Matteuse 15. peatüki 4.-9. salmis Jeesust varisere ja kirjatundjaid noomimas. Vanemate traditsioonide kohaselt ei pidanud nad vanematele andmise pärast muretsema, kui nad Jumalale ohvriande tõid.

Kui keegi ütleb, et ta ei saa vanematele midagi anda, sest ta peab Jumalale andma, ei riku see üksnes Jumala käsku austada oma vanemaid, vaid kuna ta kasutab Jumalat ettekäändena, on selge, et see tuleb kurjast südamest, mis tahab eneserahulduseks võtta selle, mis vanematele õigusega kuulub. Inimene, kes Jumalat tõesti kogu südamest armastab ja austab, armastab ja austab ka oma vanemaid.

Näiteks, kui kellelgi oli minevikus oma vanemate armastamisega probleeme ja ta hakkab Jumala armastust üha enam mõistma, hakkab ta ka vanemate armastusest paremini aru saama. Mida rohkem te tulete tõe sisse, vabanete pattudest ja elate Jumala Sõna kohaselt, seda rohkem täitub teie süda tõelise armastusega ja seda enam suudate te selle tulemusel ka oma vanemaid teenida ja armastada.

Õnnistused, mida saadakse viiendale käsule kuuletudes

Jumal andis lubaduse neile, kes armastavad Teda ja austavad oma vanemaid. 2. Moosese raamatus 20:12 öeldakse: *„Sa pead oma isa ja ema austama, et su elupäevi pikendataks sellel maal, mille Isand, su Jumal, sulle annab!"*
See salm ei tähenda lihtsalt, et te elate kaua, kui te austate oma vanemaid. See tähendab, et Jumal õnnistab teid eduga ja kaitseb iga teie eluvaldkonda sama palju, kui te austate Jumalat ja austate Tema tões oma vanemaid. „Pikk elu" tähendab, et Jumal õnnistab teid, teie perekonda, teie töökohta või ettevõtmist

äkiliste õnnetuste eest, et teie elu oleks pikk ja edukas.

Vana Testamendi aja naist Rutti õnnistati niiviisi. Rutt oli pagan Moabimaalt ja tema füüsilist olukorda vaadates võis öelda, et ta elu oli raske. Ta abiellus juudi mehega, kes lahkus Iisraelist, et vältida näljahäda. Aga ta suri varsti pärast abiellumist ja jättis ta lastetuna maha.

Ta äi oli juba surnud ja tema kojas ei olnud meest, kes oleks perekonda toetanud. Tema kotta olid jäänud ainult ämm Naomi ja õde Orpa. Kui ämm Naomi otsustas Juudasse naasta, otsustas Rutt kiiresti temaga kaasa minna.

Naomi püüdis veenda oma noort miniat, et ta lahkuks ja alustaks uut õnnelikku elu, kuid Rutti ei olnud võimalik ümber veenda. Rutt tahtis oma lesestunud ämma eest lõpuni hoolt kanda ja läks lõpuks temaga Juudasse, talle täiesti võõrale maale. Kuna Rutt armastas oma ämma, tahtis ta kõiki oma miniakohustusi täita. Ta tahtis Naomi eest parimal moel hoolt kanda nii kaua kui ta suutis. Selle tegemiseks oli ta isegi valmis loobuma iseenesele uue õnnelikuma elu leidmisest.

Rutt oli ämma kaudu hakanud ka Iisraeli Jumalat uskuma. Me võime ta liigutavat tunnistust näha Ruti raamatu 1. peatüki 16.-17. salmis:

Ära käi mulle peale, et ma sind maha jätaksin ja

pöörduksin tagasi su juurest, sest kuhu sina lähed, sinna lähen ka mina, ja kuhu sina jääd, sinna jään minagi! Sinu rahvas on minu rahvas ja sinu Jumal on minu Jumal. Kus sina sured, seal tahan ka mina surra ja sinna maetagu mindki! Isand tehku minuga ükskõik mida, ainult surm lahutagu mind ja sind!

Kui Jumal kuulis seda tunnistust, õnnistas Ta Rutti, kuigi ta oli pagan ja tegi ta elu edukaks. Juudi kombe kohaselt võis naine oma surnud abikaasa sugulasega uuesti abielluda ja Rutt sai alustada uut õnnelikku elu lahke abikaasaga ning elada ülejäänud elu ämmaga, keda ta armastas.

Sellele lisaks oli Rutil veel eelisõigus Päästja Jeesuse Kristuse sugupuus olla, sest ta vereliin pärines kuningas Taavetist. Nii nagu Jumal lubas, kuna Rutt austas oma vanemat Jumala armastusega, õnnistati teda rohkelt nii materiaalselt kui vaimselt.

Meil tuleb Ruti taoliselt Jumalat esiteks armastada ja siis Jumala armastusega oma vanemaid austada ja seega me saame kõikide Jumala Sõnas „te võite maal kaua elada" lubatud õnnistuste osaliseks.

7. peatükk

Kuues käsk

„Sa ei tohi tappa!"

2 Moosese raamat 20:13

„Sa ei tohi tappa!"

Pastorina suhtlen ma paljude koguduseliikmetega. Pärast tavalisi ülistusteenistusi ma kohtun nendega, kui nad tulevad palvele, oma tunnistust jagama või vaimset julgustust saama. Ma küsin neilt sageli, kas nad armastavad Jumalat, et aidata neil usus tugevamaks saada.

Enamik inimestest vastab kindlalt: „Jah! Ma armastan Jumalat." Aga see sünnib sageli, kuna nad ei mõista armastava Jumala tõelist vaimset tähendust. Seega ma jagan nendega salmi: *„See ongi Jumala armastamine, et me peame tema käske"* (1. Johannese 5:3) ja selgitan armastava Jumala vaimset tähendust. Siis kui ma küsin sedasama uuesti, vastab enamik inimestest teisel korral väiksema kindlusega.

Väga oluline onn mõista Jumala sõnade vaimset tähendust. Ja see on samamoodi kümne käsu korral. Missugune vaimne tähendus on siis kuuendal käsul?

„Sa ei tohi tappa"

Kui me vaatame 1. Moosese raamatu neljandat peatükki, näeme me inimkonna kõige esimest mõrvajuhtumit. Selles juhtumist tapab Aadama poeg Kain oma noorema venna Aabeli. Miks niisugused asjad juhtuvad?

Aabel ohverdas Jumalale meelepärasel viisil. Kain ohverdas Jumalale viisil, mida tema pidas õigeks ja mis oli tema jaoks kõige mugavam. Kui Jumal ei võtnud Kaini ohvriandi vastu, muutus Kain venna peale armukadedaks, selle asemel, et saada aru, mida ta valesti oli teinud ja täitus viha ja halvakspanuga.

Jumal teadis Kaini südant ja hoiatas teda mitu korda. Ta ütles Kainile: *„Ja [patt] himustab sind. Kuid sina pead tema üle valitsema!"* (1. Moosese raamat 4:7). Aga nii nagu kirjutatakse 1. Moosese raamatus 4:8: *„Ja kui nad väljal olid, tungis Kain oma venna Aabeli kallale ja tappis tema"*, ei suutnud Kain oma südames olevat viha talitseda ja tegi lõpuks pöördumatu patu.

Sõnadest „kui nad väljal olid" võime me aru saada, et Kain ootas hetke, mil ta võis vennaga kahekesi olla. See tähendab, et Kain oli oma südames juba otsustanud venda tappa ja otsis selleks õiget võimalust. Kaini sooritatud mõrv ei olnud juhuslik, vaid tuli tema kontrollimatust vihast, mis sai ainsa hetkega teoks. See teeb Kaini mõrvast väga suure patu.

Pärast Kaini mõrva esines inimajaloos palju muid mõrvajuhtumeid. Ja tänapäeval esineb iga päev palju mõrvu, sest maailm on täis pattu. Kurjategijate keskmine vanus muutub nooremaks ja kuritegude liigid on üha kurjemad. Veelgi hullem on see, et tänapäeval ei ole mõrvajuhtumid, kus vanemad tapavad oma lapsi ja lapsed tapavad oma vanemaid, enam šokeerivad.

Füüsiline mõrv: Teise inimese elu võtmine

Seaduslikult esineb kahte tüüpi mõrvasid: esimese astme mõrv, kus inimene tapab teise tahtlikult mingil põhjusel ja teise astme mõrv, kus inimene tapab teise tahtmatult. Pahatahtlik või materiaalse kasu saamiseks sooritatud mõrv või hoolimatust autojuhtimisest tingitud mõrv on mõrvad, kuid igal juhtumil on erinev patukaal, sõltuvalt olukorrast. Mõningaid mõrvu ei peeta patuks, nagu lahinguväljal verevalamist või seaduslikuks enesekaitseks tapmist.

Piiblis öeldakse, et kui keegi tapab varga, kes öösel ta majja sisse murdis, ei peeta seda mõrvaks; ent kui inimene tapab päeva ajal ta majja tunginud varga, peetakse seda liigseks enesekaitseks ja see inimene peaks karistust kandma, sest Jumal andis meile mitu tuhat aastat tagasi oma seadused ja inimesed võivad teiste abiga varga lihtsalt välja ajada või kinni võtta.

Jumal pidas liigset enesekaitset, mis tekitab selle juhtumi puhul teise verevalamist patuks, sest Jumal keelab inimõigustega mitte arvestamist ja elu väärikuse väärkasutust. See näitab Jumala õiglast ja armastavat loomust (1. Moosese raamat 22:2-3).

Enesetapp ja abort

Peale eelpoolmainitud mõrvatüüpe on olemas ka „enesetapp."

„Enesetappu" peetakse Jumala silmis selgelt „mõrvaks." Jumalal on ülimuslik valitsus iga inimelu üle ja enesetapp on seda ülimuslikku valitsust salgav tegu. Sellepärast on enesetapp suur patt.

Kuid inimesed teevad seda pattu, sest nad ei usu elu pärast surma või nad ei usu Jumalat. Seega nad teevad Jumalasse uskmatuse patule lisaks mõrvapattu. Seepärast kujutage ette, missugune kohtuotsus neid ootab!

Tänapäeval on Internetikasutajate suure kasvuga sageli juhtumeid, mil inimesed tunnevad veebisaitide ajel kiusatust enesetappu sooritada. Koreas on esimene neljakümneaastaste inimeste surmapõhjus vähk ja teine enesetapp. Sellest on saanud tõsine ühiskondlik probleem. Inimesed peavad aru saama sellest, et neil ei ole meelevalda oma elu lõpetada ja kui nad lihtsalt lõpetavad oma maapealse elu, ei tähenda see, et nende seljataha jäänud probleem leiaks lahenduse.

Aga kuidas on lood abordiga? Asja tuum seisneb selles, et üsas oleva lapse elu on Jumala ülimusliku võimu alune, seetõttu on ka abort mõrva kategoorias.

Tänapäeval kui patt valitseb väga palju inimelusid, abordivad vanemad oma lapsed seda isegi patuks pidamata. Teise inimese mõrvamine on iseenesest kohutav patt, aga kui lapsevanemad võtavad oma lapse elu, on tegemist veelgi suurema patuga.

Füüsiline mõrv on selge patt, seega igal maal on väga ranged sellevastased seadused. See on ka Jumala arvates tõsine patt, seepärast saab vaenlane kurat tuua igasuguseid katsumusi ja viletsust mõrva sooritajatele. Sellele lisaks ootab neid elus pärast surma äge kohtuotsus, seega keegi ei tohiks kunagi mõrvapattu teha.

Vaimne mõrv, mis kahjustab vaimu ja hinge

Jumala arvates on füüsiline mõrv hirmus patt, aga Ta peab ka vaimset mõrva — mis on täpselt sama hirmus — sama tõsiseks patuks. Aga mis on täpsemalt vaimne mõrv?

Esiteks, vaimse mõrvaga on tegu siis, kui inimene teeb kas sõnade või tegudega midagi Jumala tõe vastast ja paneb teise inimese usus komistama.

Kaasuskliku komistama panemine tähendab tema vaimule kahju tegemist, pannes teda Jumala tõest eemale minema.

Ütleme, et noor usklik tuli kogudusejuhtide juurde, et nõu saada ja küsis: „Kas ma võin pühapäeval koosolekult eemale jääda, sest mul on väga tähtsa asjaga tegeleda vaja?" Kui juht annab talle nõu: „Hästi, kui tegu on nii tähtsa asjaga, siis ma arvan, et sellest ei ole probleemi, kui sa pühapäeval koosolekule ei tule", siis paneb juht vastpöördunu komistama.

Või ütleme näiteks, et keegi vastutab koguduse rahade eest ja küsib: „Kas ma võin koguduse rahadest isiklikuks kasutuseks laenata? Ma võin kõik paari päeva pärast tagasi maksta." Kui koguduse juht vastab: „Kui sa selle lõpuks tagastad, ei ole probleemi", siis juht õpetab talle midagi, mis läheb Jumala tahte vastu ja teeb sellega kaasuskliku vaimule kahju.

Või kui kodugrupi juht ütleb: „Me elame tänapäeval väga kiirel ajal. Meil ei ole võimalik sagedamini kohtuda" ja õpetab kaasusklikke koosolekutesse mitte tõsiselt suhtuma, õpetab ta Jumala tõe vastaselt ja paneb seega oma kaasusklikud komistama (Heebrealastele 10:25). Nii nagu kirjutatakse: *„Aga kui pime juhib pimedat, kukuvad mõlemad auku"* (Matteuse 15:14).

Seega teistele usklikele väära teabe õpetamine ja nende komistama ja Jumala tõest eemalduma panek on vaimse tapmise liik. Usklikele väära teabe andmine võib neile põhjuseta kannatusi põhjustada. Sellepärast peaksid teisi usklikke õpetavate kogudusejuhtide rollis olijad paluma tuliselt Jumalat ja tõest teavet teistele andma või nad peaksid küsimused teisele juhile edastama, et ta saaks Jumalalt selge ja õige vastuse ja tüüriks kasvavaid usklikke õiges suunas.

Sellele lisaks võib niisuguste asjade rääkimine, mida me rääkima ei peaks ja kurjade sõnade rääkimine vaimse tapmise kategooriasse sattuda. Teisi hukkamõistvate või kohut mõistvate sõnade rääkimine, keelepeksuga saatana sünagoogi loomine või inimestevahelise erimeelsuse loomine on kõik teise inimese vihkama või kurjalt tegutsema paneku näited.

Veelgi hullem on see, kui inimesed levitavad kuulujutte jumalasulase nagu pastori või koguduse kohta. Need kuulujutud võivad inimesed komistama panna ja seega tabab taoliste kuulujuttude levitajaid kindlasti Jumala kohus.

Mõnel juhul võib näha, kuidas inimesed teevad oma vaimule kahju oma südames oleva kurjuse tõttu. Niisuguste inimeste näiteks on juudid, kes püüdsid Jeesust tappa — isegi kui Ta tegutses tões — või Juudas Iskariot, kes Jeesuse reetis, Ta kolmekümne hõberaha eest juutidele maha müües.

Kui keegi komistab teise nõrkust nähes, peab see inimene teadma, et ka tema sees on kurjust. Vahel vaatavad inimesed vastpöördunud kristlast, kes ei ole veel oma endistest viisidest vabaks saanud ja ütlevad: „Ja tema kutsub end kristlaseks? Ma ei lähe tema pärast kogudusse." Sellisel juhul panevad nad iseend komistama. Keegi ei põhjustanud seda neile; selle asemel teevad nad omale iseenese kurja ja kohut mõistva südame tõttu kahju.

Mõnel juhul võivad inimesed Jumalast ära langeda pärast pettumust kelleski, keda nad pidasid tugevaks kristlaseks ja väidavad, et ta tegutses vääralt. Kui nad keskenduksid vaid Jumalale ja Isandale Jeesusele Kristusele, ei komistaks nad ega jätaks päästeteed.

Näiteks, esineb kordi, mil inimesed allkirjastavad midagi

inimesele, keda nad tõesti usaldavad ja austavad, kuid mingil põhjusel läheb midagi valesti ja kaasallkirjastaja sattub selle tulemusel raskustesse. Sel juhul pettuvad paljud inimesed väga ja solvuvad. Kui midagi niisugust juhtub, on neil vaja aru saada, et olukord lihtsalt tõendab, et nende usk ei olnud tõeline ja nad peaksid oma sõnakuulmatusest meelt parandama. Nad ei kuuletunud Jumalale, kui Ta ütles neile spetsiaalselt, et nad ei hakkaks teise inimese võlgade käendajaks (Õpetussõnad 22:26).

Ja kui teil on tõesti hea süda ja tõeline usk ning te näete kellegi teise nõrkust, peaksite te tema eest kaastundliku südamega palvetama ja ootama, et ta muutuks.

Lisaks, paljud inimesed võivad iseenese komistuskiviks saada, kui nad solvuvad Jumala sõnumit kuulates. Kui pastor jutlustab näiteks teatud patust ja pastor isegi ei mõtelnud nende peale ega maininud nende nime, arvavad nad: „Pastor räägib minust! Kuidas ta võib seda teha kõigi nende inimeste ees?" Ja siis nad lahkuvad kogudusest.

Või kui pastor ütleb, et kümnis kuulub Jumalale ja Jumal õnnistab neid, kes kümnist annavad, kurdavad mõned, et kogudus pöörab liiga suurt tähelepanu rahale. Ja siis, kui pastor tunnistab Jumala väest ja Ta imedest, ütlevad mõned: „See on arusaamatu" ja kurdavad, et sõnumid ei lähe nende teadmiste ja haridusega hästi kokku. Kõik need on näited inimestest, kes solvuvad ja loovad oma südames endile komistuskivid.

Jeesus ütles Matteuse 11:6: *„Ja õnnis on see, kes ei pahanda* *ennast minu pärast!"* ja Ta ütles Johannese 11:10: *„Kui aga keegi kõnnib öösel, siis ta komistab, sest temas ei ole valgust."* Kui kellelgi on hea süda ja ta soovib tõde vastu võtta, ta ei komista ega lange Jumalast ära, sest Tema Sõna, mis on valgus, on selle inimesega. Kui keegi kukub komistuskivi tõttu või solvub millegi peale, on see üksnes tõendiks, et temas on veel pimedust.

Muidugi kui keegi solvub lihtsalt, näitab see kas tema nõrka usku või südames olevat pimedust. Aga teist inimest solvav isik vastutab samuti oma tegude eest. Teisele sõnumit esitav inimene peaks püüdma seda targalt – saaja usutasemega ühenduval moel esitada, isegi kui ta ei räägi absoluutset tõde.

Kui äsja Püha Vaimu saanud vastpöördunud kristlasele öelda: „Kui sa tahad pääseda, jäta joomine ja suitsetamine maha" või „Kui sa ei palveta lakkamatult ja teed sellega pattu, ehitab see sinu ja Jumala vahelise müüri, seega tule kindlasti iga kord kogudusse ja palveta iga päev", võib seda võrrelda liha söötmisega imikule, kes vajab rinnapiima. Isegi kui vastpöördunud kristlane kuuletub surve tõttu, arvab ta tõenäoliselt: „Heldeke, kristlase elu on väga raske" ja ta võib tunda koormat ning varem või hiljem usuteel käimisest täiesti loobuda.

Matteuse 18:7 öeldakse: *„Häda maailmale ahvatluste pärast! On küll paratamatu, et kiusatused tulevad. Kuid häda sellele inimesele, kelle kaudu kiusatus tuleb!"* Isegi kui ütelda midagi teise inimese heaks, kui teie sõnad solvavad teist või panevad ta Jumalast ära langema, peetakse seda vaimseks mõrvaks ja teie ellu tulevad vältimatult patuhinna tasumiseks katsumused.

Seega, kui te armastate Jumalat ja teisi inimesi, peaksite te iga sõna enesevalitsusega välja rääkima, et teie sõnad tooksid kõigile kuulajatele armu ja õnnistust. Isegi kui te õpetate kellelegi tõde, peaksite te olema tundlik ja nägema, kas teie sõnad süüdistavad teda ja annavad talle raske enesetunde või kas need toovad talle lootust ja jõudu, et seda õpetust oma ellu rakendada, et igaüks, keda te teenite, võiks Jeesuse Kristusega aulist eluteed käia.

Venna vihkamise vaimne mõrv

Teisttüüpi vaimne mõrv on teise kristlasest venna või õe vihkamine.

1. Johanese 3:15 kirjutatakse: *„Igaüks, kes vihkab oma venda, on mõrvar, ja te teate, et ühelgi mõrvaril ei ole igavest elu, mis temasse jääks."*
See on nii, sest mõrva juur seisneb põhiliselt vihkamises. Esiteks võib keegi teist inimest oma südames vihata. Aga kui viha kasvab, võib see panna teda teisele inimesele kurja tegema ja lõpuks võib see vihkamine teda isegi tapma panna. Ka Kaini puhul sai kõik alguse sellest, kui Kain hakkas oma venda Aabelit vihkama.

Sellepärast öeldakse Matteuse 5:21-22: *"Te olete kuulnud, et muistsele põlvele on öeldud: Sa ei tohi tappa! ja igaüks, kes tapab, peab minema kohtu alla. Aga mina ütlen teile: Igaüks, kes oma venna peale vihastab, peab minema kohtu alla, kes aga oma vennale ütleb: "Tola!", peab minema ülemkohtu alla, kes aga ütleb: "Sina jäle!", peab minema tulepõrgusse."*

Kui keegi vihkab teist inimest oma südames, võib ta viha tõttu selle inimese vastu võidelda. Ja kui tema viha objektiks oleva inimesega juhtub midagi head, võib ta muutuda armukadedaks ja kohut mõistvaks, teist inimest hukka mõistes ja tema nõrkustest teistele rääkides. Ta võib teda petta ja talle kahju teha või tema vaenlaseks saada. Teise inimese vihkamine ja teise vastu kurja tegemine on vaimse mõrva näited.

Vana Testamendi ajal ei olnud lihtne inimsüdant ümber lõigata ja pühaks saada, sest Jumal ei olnud veel Püha Vaimu saatnud. Aga nüüd, Uue Testamendi ajal, annab Püha Vaim meile isegi kõige sügavamast patuloomusest vabanemiseks väe, sest me saame Ta oma südamesse vastu võtta.

Püha Vaim on Kolmainu Jumalaga üks ja Ta on nagu üksikasjadele keskenduv ema, kes õpetab meid Isa Jumala südant tundma. Püha Vaim õpetab meile patu, õiguse ja kohtu kohta, aidates meil seeläbi tõe sees elada. Sellepärast võime me isegi pelgast patuvarjust vabaneda.

Sellepärast ei keela Jumal oma lastel mitte kunagi üksnes

füüsiliselt tappa, aga Ta käsib meil ka oma südames olevast vihkamise juurest vabaneda. Üksnes siis, kui me võime oma südames igasugusest kurjusest vabaneda ja selle armastusega täita, võime me tõeliselt Jumala armastuses püsida ja Tema armastuse tõendust kogeda (1. Johannese 4:11-12).

Kui me kedagi armastame, ei näe me tema vigu. Ja kui sellel inimesel juhtub olema mingi nõrkus, tunneme me tema vastu osavõtlikkust ja julgustame teda lootusrikka südamega ning anname talle muutumiseks väge. Jumal armastas meid niimoodi, kui me olime alles patused, et me võiksime pääsemise vastu võtta ja Taevasse minna.

Seega me ei peaks täitma vaid Tema käsuseadust: „Sa ei tohi tappa", vaid me peaksime Kristuse armastusega armastama ka kõiki inimesi — isegi oma vaenlasi — ja olema alati õnnistatud. Ning lõpuks läheme me Taeva kõige ilusamasse kohta ja viibime igavesti Jumala armastuses.

8. peatükk

Seitsmes käsk

„Sa ei tohi abielu rikkuda!"

2 Moosese raamat 20:14

„Sa ei tohi abielu rikkuda."

Lõuna-Itaalias asuv Vesuuvi mägi oli aktiivvulkaan, kust tuli vahetevahel auru, aga inimesed arvasid, et see juhtus vaid Pompei maastiku ilusaks muutmiseks.

24. augustil, 79 m.a.j. purskus maavärina tugevnedes keskpäeva paiku Vesuuvi mäest välja seenekujuline pilv ja blokeeris Pompei kohal oleva taeva. Mäetipp lõhenes suure plahvatuse saatel ja maa peale hakkas sadama sulakivimeid ja tuhka.

Minutite jooksul surid arvukad inimesed ja ellujäänud jooksid elu eest ookeani poole. Aga siis juhtus kõige hullem, mis juhtuda võis. Äkitselt tõusis tuul ja hakkas ookeani vastu puhuma.

Taas ümbritsesid just ookeani suunas pagenud vulkaanipurske üle elanud Pompei elanikke kuumus ja mürkgaas ja lämmatas nad kõik.

Pompei oli lõbus linn, mis oli himu ja ebajumalaid täis. Selle viimane päev meenutab Piibli Soodoma ja Gomorra linna, mida tabas Jumala tulenuhtlus. Nende linnade saatus on selge mälestus sellest, kui palju Jumal põlgab himurat südant ja ebajumalakummardamist. See on kümnes käsus selgelt esitatud.

„Sa ei tohi abielu rikkuda"

Abielurikkumine on seksuaalsuhe mehe ja naise vahel, kes ei ole teineteisega abielus. Väga kaua aega tagasi peeti abielurikkumist äärmiselt ebamoraalseks teoks. Aga kuidas on lood tänapäeval? Arvutite ja Interneti arenguga on täiskasvanute ja isegi laste käeulatuses meelas materjal.

Seksi puudutav eetika on tänapäeva ühiskonnas niivõrd kaldu, et sensuaalseid või nilbeid kujutisi näidatakse televisioonis, kinos ja isegi laste multifilmides. Ja julge kehapaljastus on kiirelt moetrendiks levimas. Ning selle tulemusel levib valearusaam seksi kohta kiirelt.

Asja tuumani jõudmiseks uurigem seitsmenda käsu „Sa ei tohi abielu rikkuda" tähendust kolme osa kaupa.

Abielurikkumise tegu

Inimeste moraaliväärtuste tunnetus on tänapäeval hullem kui eales varem. See on nii hull, et filmides ja teledraamades esitatakse abielurikkumist väga sageli ilusa armastuse tüübina. Ja praegusel ajal annavad mitte abielus olevad mehed ja naised oma ihud lihtsalt teineteisele ja on enne abiellumist isegi seksuaalsuhtes, arvates: „Sellest pole midagi, sest me abiellume tulevikus." Isegi abielus mehed ja naised tunnistavad avalikult, et nad on suhtes teiste inimestega, kellega nad ei ole abielus. Ja veelgi hullem on see, et seksuaalsuhteid hakatakse üha nooremalt harrastama.

Kui vaadata seadusi, mis eksisteerisid, kui Moosesele anti

kümme käsku, karistati abielurikkujaid tõsiselt. Kuigi Jumal on armastus, on abielurikkumine vastuvõetamatult tõsine patt ja sellepärast Ta tõmbab selge joone ja keelab seda teha.

3. Moosese raamatus 20:10 väidetakse: *„Meest, kes abielu rikub abielunaisega, meest, kes abielu rikub oma ligimese naisega, abielurikkujat meest ja abielurikkujat naist karistatagu surmaga!"* Ja Uue Testamendi ajal peetakse abielurikkumist patuks, mis hävitab ihu ja hinge ja ei lase abielurikkujal pääseda.

> *„Või te ei tea, et ülekohtused ei päri Jumala riiki? Ärge eksige: ei kõlvatud ega ebajumalateenijad, ei abielurikkujad ega lõbupoisid ega meestepilastajad, ei vargad ega ahned, ei joodikud ega pilkajad ega riisujad päri Jumala riiki!"* (1. Korintlastele 6:9-10).

Kui vastpöördunu teeb seda pattu tõde tundmata, võib ta Jumalalt armu saada ja saada võimaluse oma pattudest meeleparanduseks. Aga kui keegi, kes peaks olema vaimselt täiskasvanud usklik ja kes on Jumala tõest teadlik, jätkab niisuguse patu tegemist, on tal isegi meeleparanduse vaimu raske saada.

3. Moosese raamatus 20:13-16 räägib seksuaalsuhetest loomaga ja homoseksuaalsete suhete harrastamise pattu. Tänapäeval ja praegusajal on maid, kus homoseksuaalsed suhted seaduslikult vastuvõetavad, kuid see on jõledus Jumala

silmis. Mõned võivad vastata ja öelda, et ajad on muutunud, aga hoolimata sellest, kuidas ajad muutuvad, Jumala muutumatu tõesõna ei muutu iialgi. Seega, kui keegi on jumalalaps, ei tohiks ta end maailma trendide järgimisega rüvetada.

Abielurikkumise mõte

Kui Jumal räägib abielurikkumisest, ei räägi Ta lihtsalt abielurikkumise teost. Abielurikkumise välispidine tegu on selge abielurikkumise juhtum, aga ebamoraalsete tegude ettekujutamisest või nende jälgimisest rõõmu tundmine on samuti abielurikkumise kategoorias.

Himurad mõtted tekitavad inimsüdames himu ja sel puhul rikub inimene oma südames abielu. Isegi kui füüsilist tegu ei tehta, aga näiteks mees näeb naist ja rikub temaga oma südames abielu, peab Jumal, kes näeb inimeste südamepõhja, seda füüsilise abielurikkumisega samaks asjaks.

Matteuse 5:27-28 öeldakse: *„Te olete kuulnud, et on öeldud: Sa ei tohi abielu rikkuda! Aga mina ütlen teile: Igaüks, kes naise peale vaatab teda himustades, on oma südames temaga juba abielu rikkunud."* Pärast seda, kui inimene võtab patumõtte vastu, läheb see mõte ta südamesse ja saab siis tema tegude kaudu ilmsiks. Üksnes pärast seda, kui vihkamine läheb inimsüdamesse, hakkab see inimene tegema asju, mis teevad teisele inimesele kahju. Ja üksnes pärast seda, kui raev koguneb inimsüdamesse, muutub see inimene vihaseks ja hakkab needma. Samamoodi, kui inimsüdames on himuraid soove, võib see lihtsalt areneda füüsiliseks abielurikkumiseks. Isegi kui see ei ole ilmne, kui keegi teine rikub oma südames abielu, on ta abielu juba rikkunud, sest sellel patul on sama juur.

Ühel päeval olin ma oma esimese seminariaasta jooksul väga vapustatud, kui ma kuulsin pastorite rühma vestlust pealt. Selle hetkeni olin ma pastoreid alati armastanud ja austanud ja ma kohtlesin neid samamoodi nagu ma oleksin kohelnud Isandat. Aga väga ägeda vestluse lõpuks tulid nad järeldusele, et „niikaua, kuni tegu ei ole tahtlik, ei ole südames abielu rikkumine patt."

Kui Jumal andis meile käsu: „Sa ei tohi abielu rikkuda", kas Ta ei andnud seda käsku meile teadmisega, et me suudame sellele kohaselt käituda? Kuna Jeesus ütles: „Aga mina ütlen teile: Igaüks, kes naise peale vaatab teda himustades, on oma südames temaga juba abielu rikkunud", peame me neist himuratest mõtetest lihtsalt vabanema. Siin ei ole midagi muud lisada. Jah, inimliku jõuga võib seda raske teha olla, aga palve ja paastuga võime me Jumalalt jõudu saada ja himu oma südamest kergesti välja ajada.

Jeesus kandis okaskrooni ja valas oma vere, et pesta ära patt, mida me teeme oma mõtetes ja meeles. Jumal saatis meile Püha Vaimu, et me võiksime samuti oma südames olevast patuloomusest vabaneda. Mida me võime siis südames olevast himust vabanemiseks spetsiaalselt ette võtta?

Südames himust vabanemise faasid

Ütleme näiteks, et ilus naine või kena mees läheb mööda ja teie mõtlete: „Vau. Ta on kenake" või „Ta on ilus", „Ma tahaksin temaga välja minna" või „Ma tahaksin temaga kohtama minna." Paljud inimesed ei pea neid mõtteid himuraks ega abielu rikkuvaks. Aga kui keegi ütleb niimoodi ja mõtleb seda tõepoolest, tähistab see himu. Selleks, et isegi niisugustest himu märkidest vabaneda, peame me läbima protsessi, mille käigus me võitleme usinalt, et sellest patust vabaneda.

Tavaliselt, mida enam te püüate millegi peale mitte mõelda, seda rohkem see turgatab teile meelde. Pärast seda, kui te näete kinos pilti sellest, kuidas mees ja naine teevad midagi ebamoraalset, ei unune see kujutis ja tuleb selle asemel teie meeles pidevalt esile. Sõltuvalt sellest, kui tugevat muljet see kujutis teie südames avaldab, seda kauem see püsib teil meeles.

Aga mida me peame tegema, et oma meeles olevatest himuratest mõtetest vabaneda? Esiteks tuleb meil pingutada, et vältida mänge, ajakirju või sarnast, kus on kujutised, mis on meie jaoks kiusatuseks ja tekitavad meis himuraid mõtteid. Ja kui himur mõte siseneb meie meelde, peame me oma mõtete suunda sellest eemale peletama. Ütleme näiteks, et teie pähe turgatab himur mõte. Selle areneda laskmise asemel peaksite te seda mõtet otsekohe peatada püüdma.

Siis, kui te muudate niisugused mõtted headeks, tõesteks ja Jumalale meelepärasteks mõteteks ning palvetate pidevalt, paludes Temalt abi, annab Ta teile kindlasti jõudu, mille abil te suudate end neist kiusatustest vabaks võidelda. Nii kaua kui te tahate ja palvetate kirega, annab Jumal teie üle oma armu ja väe. Ja Püha Vaimu abiga suudate te need patumõtted enese elust välja visata.

Kuid siinjuures on tähtis meeles pidada, et te ei tohiks pärast paari korda peatuda. Te peate jätkama usu läbi palvetamist, kuni te jõuate viimase piirini. See võib võtta kuu, aasta või isegi kaks-kolm aastat aega. Aga hoolimata sellest, kui kaua see aega võib võtta, te peaksite alati usaldama Jumalat ja pidevalt palvetama. Siis annab Jumal teile jõu ja te suudate ühel päeval oma südames oleva himu võita ja selle oma südamest ühekorraga ja alatiseks välja heita.

Kui te läbite faasi, kus te suudate „valed mõtted peatada", liigute te faasi, kus te suudate „oma südant valitseda." Selles faasis ei lähe mõte enam teie meelde ka siis, kui te näete kiimalist pilti, kui te otsustate oma südames sellele mitte enam mõelda. Abielurikkumine tuleb südamesse mõtete ja tunnete tulemusel ja kui te suudate oma mõtteid valitseda, siis ei ole neist mõtetest tulevatel pattudel enam võimalik teie südamesse pääseda.

Järgmises faasis „ei esine enam sündsusetuid mõtteid." Isegi kui te näete kiimalist kujutist, ei mõjuta see teie meelt ja seega himu ei saa teie südamesse pääseda. Järgmine faas on see, kus „teil ei saa isegi tahtlikult ebasündsaid mõtted esineda."

Kui te jõuate sellesse faasi, ei juhtu seda ka siis, kui te püüate himuraid mõtteid esile manada. Kuna te olete selle patu välja juurinud, ei teki teil selle asjus mõtteid ka siis, kui te näete himu esilekutsuvat kujutist. See tähendab, et väärad või ebajumalikud kujutised ei pääse enam teie meelde.

Muidugi võib sellest patust vabanemise faasides esineda aegu, mil te arvate, et te olete kõigest vabanenud, kuid patt hiilib teie juurde mingilmoel tagasi.

Aga kui te usute Jumala sõnu ja soovite Tema käsuseadustele kuuletuda ja oma pattudest vabaneda, ei püsi te oma usuteel paigal. See sarnaneb sibula koorimisele. Kui üks või kaks kihti ära koorida, võib paista, et kihid ei lõpe, aga vaid mõne kihi järgi saate te aru, et te olete kõik kihid ära koorinud.

Usklikud, kes näevad end usus, ei pettu ega mõtle: „Ma püüdsin nii palju, kuid ma ei suuda ikkagi sellest patuloomusest vabaneda." Vastupidi, nad peaksid uskuma, et nad muutuvad nii palju, kui nad püüavad pattudest vabaneda. Ja kui nad seda meeles peavad, peaksid nad veelgi rohkem püüdma. Kui te saate aru, et teil on ikkagi patuloomus, peaksite te pigem tänulik olema, et teil on nüüd võimalus sellest vabaneda.

Kui himur mõte pääseb sekundiks teie meelde ajal, kui te

läbite oma elus himust vabanemise faase, ärge tehke sellest probleemi. Jumal ei pea seda abielurikkumise sooritamiseks. Kui te seda mõtet meeles hellitate ja lasete sel edasi areneda, siis muutub see suureks patuks, aga kui te parandate otsekohe meelt ja püüate edasi pühitsusele jõuda, näeb Jumal teid armu läbi ja annab teile selle patu võitmiseks väe.

Vaimse abielurikkumise teostamine

Füüsilist abielurikkumist peetakse abielurikkumiseks lihas, aga vaimse abielurikkumise sooritamine on füüsilisest abielurikkumisest veelgi tõsisem. „Vaimse abielurikkumisega" on tegu siis, kui keegi peab end usklikuks ja armastab ikkagi maailma rohkem kui Jumalat. Kui selle peale mõtelda, rikub inimene füüsiliselt abielu, kuna ta armastab oma südames füüsilist mõnu Jumalast rohkem.

Koloslastele 3:5-6 kirjutatakse: „*Surmake nüüd need liikmed, mis on maa peal: hoorus, rüvedus, kirg, kuri himu ja ahnus, mis on ebajumalateenistus. Nende pärast tuleb Jumala viha [sõnakuulmatute laste peale].*" See tähendab, et isegi kui me saame Püha Vaimu, kogeme Jumala imesid ja omame usku, kui me ei vabane oma südames ahnusest ja ebasündsatest soovidest, on meis kalduvus maailma asju Jumalast rohkem armastada.

Teisest käsust saime me teada, et ebajumalakummardamine tähendab vaimses tõlgenduses millegi Jumalast rohkem armastamist. Aga mis vahe on „vaimsel ebajumalakummardamisel" ja „vaimsel abielurikkumisel"?

Ebajumalakummardamisega on tegu siis, kui inimesed, kes ei tunne Jumalat, loovad mingi kujutise ja kummardavad seda. „Ebajumalakummardamine" tähendab vaimselt, et nõrga usuga usklikud armastavad maailma asju rohkem kui Jumalat.

Kuna mõnel vastpöördunul on ikka nõrk usk, on võimalik, et nad armastavad maailma Jumalast rohkem. Nad võivad esitada küsimusi nagu: „Kas Jumal on tõesti olemas?" või „Kas Taevas ja põrgu on tõesti olemas?" Kuna nad kahtlevad ikkagi, on neil raske sõna kohaselt elada. Nad võivad ikka veel armastada raha, kuulsust või oma perekonda rohkem kui Jumalat ja seega vaimselt ebajumalaid kummardada.

Aga kui nad kuulevad Jumala Sõna üha rohkem ja palvetavad ning kogevad, kuidas Jumal vastab nende palvetele, hakkavad nad aru saama, et Piibel on tõene. Ja siis võivad nad uskuda, et Taevas ja põrgu on tõesti olemas. Pärast seda said nad aru, miks neil oli vaja tõesti Jumalat kõigepealt armastada. Kui nende usk kasvab sellisel moel ja nad jätkavad maailma asjade armastamist ja tagaajamist, sooritavad nad „vaimset abielurikkumist."

Ütleme näiteks, et oli mees, kes mõtles lihtsalt, et oleks kena teatud naisega abielus olla ja see naine juhtus teise mehega abielluma. Sel juhul ei saa me öelda, et see naine rikkus abielu. Kuna soovmõtet mõtelnud mehel oli lihtsalt kiindumus naise vastu ja naine ei olnud selle mehega suhtes, ei saa naist abielurikkujaks pidada. Täpsemalt, naine oli lihtsalt ebajumal mehe südames.

Vastupidiselt, kui mees ja naine käisid kohtamas, kinnitasid vastastikust armastust ja abiellusid ning naine oleks siis teise mehega ebamoraalses suhtes olnud, peetakse seda abielurikkumise sooritamiseks. Seega võib näha, et vaimne ebajumalakummardamine ja vaimse abielurikkumise sooritamine on pealtnäha sarnased, ent ometi kaks erinevat asja.

Iisraellaste ja Jumala suhe

Piiblis võrreldakse iisraellaste ja Jumala ning isa ja laste suhet. Seda suhet võrreldakse abielumehe ja –naise suhtega, sest nende suhe sarnaneb armulepingu sõlminud abielupaari suhtele. Aga kui Iisraeli ajalugu vaadata, on palju kordi, mil iisraellased unustasid selle lepingu ja kummardasid võõrjumalaid.

Paganad kummardasid ebajumalaid, sest nad ei tundnud Jumalat, aga iisraellased kummardasid võõrjumalaid oma isekate soovide tõttu, kuigi nad tundsid Jumalat algusest peale väga hästi.

Sellepärast öeldakse 1. Ajaraamatus 5:25: *„Aga nad olid truuduseta oma vanemate Jumala vastu ja jooksid hoora viisil nende maade rahvaste jumalate järel, keda Jumal nende eest oli hävitanud"*, mis tähendab, et iisraellaste ebajumalakummardamine oli tegelikult vaimne abielurikkumine.

Jeremija 3:8 öeldakse: *„Ja ta nägi, et ma saatsin ära taganeja Iisraeli ja andsin temale lahutuskirja, sellepärast et ta oli abielu rikkunud. Ometi ei kartnud tema truuduseta õde Juuda, vaid läks ka ise tegema hooratööd."* Saalomoni patu tulemusel lõhenes Iisrael tema poja Rehobeami valitsusajal põhjas asuvaks Iisraeliks ja lõunas asuvaks Juudaks. Varsti pärast jagunemist rikkus põhjas asuv Iisrael ebajumalaid kummardades vaimselt abielu ja selle tulemusel tõukas Jumal nad eemale ja hävitas nad oma vihas. Siis jätkas ka lõunas asuv Juuda meeleparanduse asemel oma ebajumalate kummardamist, kuigi nad nägid kõike, mis põhjas asuvas Iisraelis juhtus.

Kõik Uue Testamendi ajal elavad jumalalapsed on Jeesuse Kristuse mõrsjad. Sellepärast apostel Paulus tunnistas, et mis puudutas Isandaga kohtumist, tegi ta väga palju tööd, et usklikke puhtaks mõrsjaks ette valmistada Kristusele, kes on nende peigmees (2. Korintlastele 11:2).

Seega, kui usklik kutsub Isandat „oma peigmeheks" ajal kui ta jätkab maailma armastamist ja elab tõekauget elu, rikub ta vaimselt abielu (Jakoobuse 4:4). Kui abielumees või –naine reedab oma abikaasa ja rikub füüsiliselt abielu, on tegu hirmsa patuga, mida on raske andeks anda. Kui keegi reedab Jumalat ja Isandat ning rikub vaimselt abielu, siis tema patt on veelgi hirmsam.

Jeremija 11. peatükis võib näha, kuidas Jumal keelab Jeremijal Iisraeli eest palvetada, sest iisraellased keeldusid vaimsest abielurikkumisest loobumast. Ta ütles isegi, et kui iisraellased hüüavad Teda appi, Ta ei kuule neid.

Seega, kui vaimne abielurikkumine jõuab teatud punkti, ei suuda seda sooritav inimene kuulda Püha Vaimu häält ja hoolimata sellest, kui palju ta ka ei palvetaks, ta palve jääb vastuseta. Kui inimene liigub Jumalast eemale, muutub ta üha maailmalikumaks ja lõpetab tõsiseid patte tehes, mis viivad surma — patte nagu näiteks füüsiline abielurikkumine. Nii nagu kirjutatakse Heebrealastele 6. või 10. peatükis, on see Jeesuse uuesti ristilöömise sarnane ja viib seetõttu inimese surma teele.

Vabanegem siis seetõttu igasugusest abielurikkumise patust oma vaimus, meeles ja ihus ja vastakem püha käitumisega Isanda pruudiks saamise tingimustele — olles laitmatud ja plekitud — elades õnnistatud elu, mis teeb Isa südamele rõõmu.

9. peatükk

Kaheksas käsk

„Sa ei tohi varastada!"

2. Moosese raamat 20:15

„Sa ei tohi varastada."

Kümnele käsule kuuletumine mõjutab otseselt meie pääsemist ja vaenlase kuradi ja saatana väe võitmist, vallutamist ja valitsemist. Iisraellaste kümnele käsule kuuletumine või sõnakuulmatus otsustas, kas nad kuulusid Jumala valitute hulka või mitte.

Samamoodi, meie – jumalalasteks saanute jaoks määrab meie hinge pääsemise see, kas me kuuletume Jumala sõnadele või mitte, kuna Jumala käskudele kuuletumine loob meie ususstandardi. Seega, kümnele käsule kuuletumine on seotud meie pääsemisega ja need käsud on samuti Jumala armastuse ja õnnistuste tingimuseks.

„Sa ei tohi varastada"

Korealastel on vana ütlus: „Nõelavargast saab lehmavaras." See tähendab, et kui keegi sooritab pisikuriteo, mis jääb karistamata ja ta kordab seda negatiivset tegu, teeb ta üsna varsti palju tõsisema kuriteo, millel on suured negatiivsed tagajärjed. Sellepärast hoiatab Jumal meid: „Sa ei tohi varastada."

See on lugu mehest, nimega Fu Pu-ch'i, keda tituleeriti „Tsze-tsieniks" või „Tzu-chieniks" ja kes oli üks Konfutsiuse jüngritest ja Tan-fu komandant Lu osariigis Hiina Chunqiu perioodil (kevadel ja sügisel) ja osariikide sõjaperioodil. Uudiste kohaselt pidid naabruses oleva Qi osariigi sõdurid ründama ja Fu Pu-chi käskis kuningriigi müürid tihedalt sulgeda.

Juhtus olema viljakoristusaeg ja põllumeeste põldudel oli vili koristuseks valmis. Inimesed küsisid: „Kas me võime enne müüride sulgemist vilja enne vaenlaste saabumist põldudelt koristada?" Fu Pu-chi jättis inimeste palve tähelepanuta ja käskis müürid sulgeda. Siis hakkasid inimesed Fu Pu-chi vastu vimma tundma ja väitsid, et ta soosis vaenlasi. Seetõttu kutsus kuningas ta järelepärimisele. Kui kuningas küsitles tema tegusid, vastas Fu Pu-chi: „Jah, meile on suur kaotus, kui vaenlased võtavad kogu meie viljasaagi, aga kui inimesed omandavad kiirustades neile mitte kuuluvatelt põldudelt viljakoristamise harjumuse, on sellest harjumusest ka kümne aastaga raske vabaneda." Selle väitega sai Fu Pu-chi kuninga suure austuse ja imetluse osaliseks.

Fu Pu-chi oleks võinud lasta inimestel nende soovi kohaselt vilja koristada, aga kui nad oleksid õppinud kuidagi õigustama teiste põllult varastamist, oleks sellel olnud neile ja kuningriigile pikemas perspektiivis palju laastavam mõju. Seega „varastamine" tähendab millegagi valede motiividega tegelemist või millegi võtmist, mis ei kuulu meile või kellegi teise vara salaja omandamist.

Aga „vargusel", millest Jumal räägib, on ka sügavam ja laiem vaimne tõlgendus. Seega, mida sisaldab kaheksanda käsu „varguse" tähendus?

Teise vara võtmine: varguse füüsiline määratlus

Piiblis keelatakse meil spetsiaalselt varastada ja seal esitatakse ülevaatlikult teatud reeglid, mida tuleks järgida, kui keegi varastab (2. Moosese raamat 22. peatükk).

Kui varastatud loom leitakse varga käest elusalt, peab varas omanikule tasuma topelthinna sellest, mida ta varastas. Kui inimene varastab looma ja tapab või müüb selle, tuleb tal omanikule härgade eest viiekordne ja lammaste eest neljakordne summa tasuda. Hoolimata sellest, kui väikese esemega tegu on, teise vara võtmine on varastamine, mida isegi ühiskond kutsub kuriteoks ja mille eest on ette nähtud teatud karistused.

Välja arvatud ilmsed vargusjuhtumid, esineb juhtumeid, kus inimesed võivad varastada hoolimatuse tõttu. Näiteks, meil võib oma igapäevaelus olla harjumus teiste asju küsimata ja mõtlemata kasutada. Me ei pruugi nende loata kasutamise pärast end isegi süüdi tunda, sest me oleme sellele inimesele lähedased või ei ole kasutatav asi väga väärtuslik.

Sama kehtib, kui me kasutame oma abikaasa asju loata. Isegi kui me kasutame vältimatus olukorras kellegi asju loata, peaksime me need otsekohe pärast kasutamist tagastama. Aga paljudel kordadel me isegi ei tagasta neid asju üldse.

See ei põhjusta vaid kellegi kaotust; vaid on selle inimese vastu lugupidamatu tegu. Isegi kui seda ei peeta ühiskondlike seaduste alusel tõsiseks kuriteoks, peetakse seda Jumala arvates varguseks. Kui kellelgi on tõesti puhas südametunnistus ja ta võtab kelleltki loata midagi — hoolimata kui väike või vähese väärtusega see ka poleks — tunneb ta end seetõttu süüdlasena.

Isegi kui me ei varasta ega võta midagi jõuga, kui me omandame kellegi teise vara ebaõigel moel, on ikkagi tegu vargusega. Enese seisundi või võimu ärakasutamine altkäemaksu saamiseks on samuti selles kategoorias. 2. Moosese raamatus 23:8 hoiatatakse: *„Ära võta meelehead, sest meelehea pimestab nägijaid ja teeb õigete asjad segaseks!"*

Heasüdamlikud müüjad tunnevad süüd, kui nad kasseerivad oma klientidelt rohkem kui toode on väärt, et omale rohkem tulu saada. Isegi kui nad ei varastanud salaja kellegi teise vara, peetakse seda tegu ikkagi varguseks, sest nad kasseerisid vara ausast turuväärtusest enam.

Vaimne vargus: millegi Jumalale kuuluva võtmine

Peale „varguse", kus teiselt inimeselt loata midagi võetakse, on olemas „vaimne vargus", kus võetakse loata Jumalalt. See võib tegelikult inimese pääsemist mõjutada.

Juudas Iskariot, kes oli üks Jeesuse jüngrite seast, vastutas kõigi ohvriandide eest, mida inimesed andsid pärast tervekssaamist või Jeesuse kaudu õnnistatud saamust. Aga aja jooksul sigines tema südamesse ahnus ja ta hakkas varastama (Johannese 12:6).

Johannese 12. peatükis, kus Jeesus külastab Siimona koda Petaanias, on juhtum, kus naine tuli ja valas Jeesuse peale kallist lõhnaainet. Juudas nägi seda ja kutsus naist korrale, küsides tema käest, miks ta seda lõhnaainet maha ei müünud ja raha vaestele ei andnud. Kui kallis lõhnaaine oleks maha müüdud, siis oleks ta rahakoti eest vastutava isikuna tollele rahale ligipääsu omanud, aga kuna see lõhnaaine valati Jeesuse jalgadele, tundis Juudas, et kasulik asi läks raisku.

Lõpuks müüs Juudas, kellest sai raha ori, Jeesuse kolmekümne hõbetüki eest maha. Kuigi tal oli võimalus olla ühe Jeesuse jüngrina austatud, varastas ta selle asemel Jumalalt ja müüs oma õpetaja maha, kuhjates oma patte. Kahjuks ei saanud ta enne oma elu lõpetamist ja viletsat lõppu isegi meeleparanduse vaimu vastu võtta (Apostlite teod 1:18).

Sellepärast tuleb meil lähemalt vaadata, mis juhtub, kui inimene varastab Jumalalt.

Esimene juhtum: kui keegi võtab koguduse varalaekast.

Isegi kui varas juhtub olema uskmatu, kui ta varastab kogudusest, tunneb ta paratamatult mingit kartust südames. Aga kui usklik puudutab Jumala raha, kuidas ta saab öelda, et tal on isegi usk sellesse, et ta pääseb?

Isegi kui inimesed ei saa seda kunagi teada, näeb Jumal kõike ja õige aja saabudes teostab Ta oma õiglase kohtuotsuse ja varas peab oma patu eest karistust kandma. Kui varas ei suuda oma pattudest meelt parandada ja sureb pääsemist vastu võtmata, on see väga hirmus. Selleks ajaks on liiga hilja, hoolimata sellest, kui palju ta peksab vastu rindu ja kahetseb oma tegu. Ta ei oleks algusest peale tohtinud Jumala raha puudutada.

Teine juhtum: koguduse vara väärtarvitamine või koguduse raha väärkasutamine.

Isegi kui keegi ei varasta otseselt ohvriande, kui ta kasutab koguduse misjonirühmade liikmemaksuks kogutud raha või muid annetusi isiklikuks kasutuseks, on see võrdväärne Jumalalt varastamisega. Samuti on tegu vargusega, kui keegi ostab koguduse raha eest kontoritarbeid või kirjatarbeid ja kasutab neid oma isiklikuks vajaduseks.

Koguduse tarvikute raiskamine, koguduse rahade võtmine tarvikute ostuks ja jäägi kasutamine muuks otstarbeks, selle asemel et need kogudusele tagastada või koguduse telefoni, elektri, varustuse, mööbli või muude vahendite kasutamine isiklikuks kasutuseks oma äranägemisel, on samuti koguduse raha väärtarvitamise viisid.

Me peame samuti kindlaks tegema, et meie lapsed ei voldiks

ega käristaks ohvrianni ümbrikuid, koguduse uudistelehti ega ajalehti nalja pärast ega mängides. Mõned inimesed võivad arvata, et tegu on väikeste või tühiste väärtegudega, aga vaimsel tasemel on see tegelikult Jumalalt varastamine ja need teod võivad muutuda meie ja Jumala vahelisteks patumüürideks.

Kolmas juhtum: kümnise ja ohvrianni vargus.

Malaki 3:8-9 öeldakse: *„Kas inimene tohib Jumalat röövida? Aga teie röövite mind ja ütlete:„Kuidas me Sind röövime?" Kümnise ja tõstelõivuga. Olge needusega neetud, et teie, kogu rahvas, mind röövite!"*

Kümnise andmine on Jumalale oma sissetulekust kümnendiku andmine tõendina, et me mõistame, et Tema valitseb kõiki materiaalseid asju ja on meie elu ülevaataja. Sellepärast, kui me ütleme, et me usume Jumalat ja ikkagi ei anna oma kümnist, me varastame Jumalalt ja siis võib meie ellu hiilida needus. See ei tähenda, et Jumal meid neaks. See tähendab, et kui saatan süüdistab meid selles valeteos, ei saa Jumal meid kaitsta, sest me rikume tegelikult Jumala vaimset seadust. Seega võivad meil esineda rahahäda, kiusatused, äkilised õnnetused või haigus.

Aga nii nagu öeldakse Malaki 3:10: *„Tooge kõik kümnis täies mõõdus varaaita, et mu kojas oleks toitu, ja proovige mind ometi sellega, ütleb vägede Isand. Tõesti, ma avan teile taevaluugid ja kallan teile õnnistust küllastuseni."* Kui me toome õige kümnise, võime me Jumala tõotatud õnnistuste ja kaitse osalised olla.

Aga on ka inimesi, kes ei saa Jumala õnnistust, sest nad ei too kogu kümnist. Inimesed arvestavad kümnise oma netopalgast, muid tuluallikaid arvestamata, tehes seda pärast kõigi mahaarvestuste ja maksude mahaarvestust.

Kuid õiget kümnist andes antakse Jumalale kümnendik meie kogu tulust. Tulu kõrvaltegevusest, rahaliste kingituste, einekutsete või kingituste eest on kõik isiklik tulu ja seega me peaksime niisuguse teenistuse väärtusest kümnendiku arvestama ja ka nendest õige kümnise tooma.

Mõnel juhul arvestavad inimesed oma kümnise, aga toovad selle Jumalale eritüüpi ohvrianniks nagu misjonitöö ohvrianniks või heatahte ohvriandideks. Aga seda peetakse ikkagi Jumalalt varastamiseks, sest tegu ei ole õige kümnisega. See, kuidas kogudus ohvriande kasutab, sõltub rahandusosakonnast, kuid meie peame oma kümnise õige ohvri nimetuse all tooma.

Me võime samuti muid ohvriande tänuohvrina anda. Jumalalastel on väga palju, mille eest tänulik olla. Päästeanni kaudu saame me Taevasse minna, erinevate kogudusesiseste ülesannete täitmise teel saame me taevaseid tasusid ja maa peal elades kaitseb meid Jumal ja me oleme igal ajal õnnistatud, seega me peaksime väga tänulikud olema!

Sellepärast tuleme me igal pühapäeval Jumala ette erinevate

tänuohvritega, tänades Jumalat meid veel ühe nädala jooksul kaitsmise eest. Ja piibellikel pidustustel või sündmustel on meil eriline põhjus Jumalat tänada ning me paneme selleks spetsiaalse ohvrianni kõrvale ja toome selle Jumalale.

Kui keegi aitab meid suhetes kaasinimestega või teenib meid mingil erilisel viisil, ei tunne me vaid oma südames tänu. Me tahame talle midagi vastutasuks anda. Samamoodi on üksnes loomulik, et me tahaksime midagi Jumalale ohvrianniks tuua, et näidata Talle, kui palju me hindame seda, et Ta andis meile pääste ja valmistas meie jaoks Taeva (Matteuse 6:21).

Kui keegi ütleb, et tal on usk ja ta on ikkagi Jumalale andes kitsi, tähendab see, et ta on materiaalsete asjade järele ahne. See näitab, et ta armastab materiaalseid asju Jumalast rohkem. Sellepärast öeldakse Matteuse 6:24: *„Keegi ei saa teenida kahte isandat, ikka on nii, et ta vihkab üht ja armastab teist või et ta pooldab üht ja põlgab teist. Teie ei saa teenida nii Jumalat kui mammonat."*

Kui me oleme täiskasvanud kristlased ja armastame ikkagi materiaalset vara Jumalast rohkem, on meil palju lihtsalt usus tagasi langeda edasi liikumise asemel. Arm, mis me kunagi saime, muutub ammuseks mälestuseks, tänupõhjused kahanevad ja enne kui me aru saame, kuivetub meie usk nii väikeseks, et meie pääsemine on ohus.

Jumalal on hea meel tõelise tänu ja usu ohvrianni heast

lõhnast. Igaühel on erinev usumõõt ja Jumal teab igaühe olukorda ning näeb igaühe südamepõhja. Seega, Tema jaoks ei loe ohvrianni suurus ega kogus. Pidage meeles, et Jeesus tõstis esile lesknaist, kes andis kaks väga väikest vaskmünti, mis oli kogu ta elatis (Luuka 21:2-4).

Kui me oleme Jumalale niimoodi meeltmööda, õnnistab Jumal meid paljude õnnistustega ja annab meile põhjuseid tänuks. Toodud ohvriande ei saa võrrelda Temalt saadavate õnnistustega. Jumal teeb kindlaks, et meie hinge lugu on hea ja Ta õnnistab meid, et meie elus on ülevoolavalt palju lisa tänupõhjuseid. Jumal õnnistab meid kolmekümne, kuuekümne ja sajakordselt võrreldes sellega, mis me Talle anname.

Pärast Kristuse vastuvõtmist olin ma kohe kuulekas, kui ma sain teada, et me peaksime Jumalale õige kümnise ja ohvrianni tooma. Seitsme aasta jooksul, mil ma olin haiguse tõttu voodihaige, oli mulle kogunenud suur võlg, aga kuna ma olin väga tänulik, et Jumal tegi mind haigusest terveks, tõin ma Jumalale alati nii palju kui ma sain. Isegi kuigi mina ja mu naine töötasime mõlemad, suutsime me vaevu võlaintressi tasuda. Sellest hoolimata ei läinud me kunagi tühjade kätega ülistama.

Me uskusime kõikvõimsat Jumalat ja kuuletusime Tema Sõnadele ning Ta aitas meil tohutu võla vaid paari kuuga tasuda. Ja aja jooksul kogesime me, kuidas Jumal valas meie ellu lõpmatut õnnistust ja me võisime elada külluslikult.

Neljas juhtum: Jumala Sõnade vargus.

Jumala Sõnade vargus tähendab Jumala nimel vale prohvetikuulutuse tegemist (Jeremija 23:30-32). Näiteks, on inimesi, kes varastavad Tema Sõnu ja räägivad, et nad kuulsid Jumala häält ning nad räägivad tulevikust nagu ennustajad või ütlevad äris läbikukkunud inimesele, et Jumal lasi neil äris ebaõnnestuda, sest ta pidi äriga tegelemise asemel pastor olema.

Samuti peetakse Jumala Sõna varastamiseks seda, kui keegi näeb unenägu või nägemust, mis tuleb tema oma mõtetest ja ütleb, et Jumal andis talle selle unenäo või nägemust. See liigitub ka Jumala nime väärkasutuse kategooriasse.

Muidugi on hea Jumala tahet Püha Vaimu töö kaudu teada ja kuulutada, aga selle õieti tegemiseks tuleb meil kontrollida, kas me oleme Jumala silmis vastuvõetavad, sest Jumal ei räägi lihtsalt igaühega. Jumal saab rääkida ainult nendega, kelle südames ei ole kurjust. Selepärast me peame kindlaks tegema, et me ei varastaks vähimalgi viisil Jumala Sõnu, kui me oleme omaenda mõtetesse mattunud.

Vastasel juhul, kui me tunneme kunagi süümepiinu, häbi või piinlikkust midagi võttes või tehes, näitab see, et me peaksime end kontrolliva pilguga läbi vaatama. Me tunneme süümepiinu, sest me võisime võtta midagi meile mittekuuluvat oma isekate motiivide tõttu ja Püha Vaim tunneb meie sees kurbust.

Näiteks, isegi kui me ei varasta mingit eset, kui me saame

palka, ent oleme tööl laisad olnud või meile antakse mingi kohustus või ülesanne koguduses, kuid me ei täida oma kohustusi ja eeldame, et meie süda on hea, peaksime me tundma süümepiinu.

Samuti, kui Jumalale pühendund inimene raiskab Jumalale eraldatud aega ja tekitab jumalariigile ajakao, varastab ta aega. Me peame mitte vaid Jumala töös, aga ka tööl või mitteametlikus kontekstis kindlaks tegema, et me oleksime täpsed, et me ei tekitaks teistele nende aega raisates ajakadu.

Seega me peaksimeend alati üle hindama, et teha kindlaks, et me ei tee mingil moel varastamise pattu ja vabanema oma meeles ja südames olevast isekusest ja ahnusest ning me peaksime puhta südametunnistusega püüdma saada omale Jumala arvates tõelist ja siirast südant.

10. peatükk

Üheksas käsk

—⁓⁓—

„Sa ei tohi tunnistada oma ligimese vastu valetunnistajana!"

2. Moosese raamat 20:16

"Sa ei tohi tunnistada oma ligimese vastu valetunnistajana!"

Sel ööl vahistati Jeesus. Kui Peetrus istus väliõues, kus Jeesust küsitleti, ütles teenijatüdruk talle: "Ka sina olid galilealase Jeesusega." Selle peale vastas üllatunud Peetrus: "Ma ei mõista, mida sa räägid!" (Matteuse 26. peatükk). Peetrus ei salanud tegelikult Jeesust kogu südamest — ta valetas äkilise hirmupuhangu tõttu. Peetrus läks välja ja peksis oma pead vastu maad, kibedalt nuttes. Siis kui Jeesus kandis risti Kolgatale, suutis Peetrus teda vaid eemalt järgida, tundes häbi ja suutmata oma peadki tõsta.

Kuigi see kõik juhtus enne kui Peetrus sai Püha Vaimu, ei söandanud ta selle vale tõttu Jeesuse moodi püstiasendis end risti lüüa lasta. Isegi pärast Püha Vaimu saamist ja kogu oma elu Tema teenistusele pühendamist, tundis ta Jeesuse salgamise tõttu väga suurt häbi ja lõpuks lasi ta end vabatahtlikult pea alaspidi risti lüüa.

"Sa ei tohi tunnistada oma ligimese vastu valetunnistajana!"

Igapäevaselt väljaräägitavate sõnade seas on mõned väga olulised sõnad, kuna aga teised on ebaolulised. Mõned sõnad on tähendusetud ja mõned sõnad on kurjad ja teevad haiget või petavad teisi inimesi.

Valed on kurjad sõnad, mis hälbivad tõest. Paljud inimesed

räägivad iga päev arvukaid suuri ja väikseid valesid, kuigi nad ei tunnista seda. Mõned inimesed ütlevad uhkelt, et nad ei valeta, aga enne kui nad sellest arugi saavad, seisavad nad kogemata kombel kerkinud valemäe otsas.

Pori, mustus ja korratus võivad pimedas peidus püsida. Aga kui ere valgus paistab tuppa, on isegi kõige väiksem tolmukübe või määrdunud koht selgelt näha. Sarnaselt on Jumal, kes on tõde, nagu valgus ja Ta näeb, kuidas paljud inimesed räägivad kogu aeg valesid.

Sellepärast käskis Jumal meil üheksandas käsus oma ligimese vastu valetunnistust mitte anda. Siin tähendab „ligimene" vanemaid, vendi, lapsi — kõiki peale meie endi. Vaatleme kolme osa kaupa, kuidas Jumal määratleb „valetunnistust."

Esiteks, „valetunnistuse andmine" tähendab oma ligimesest ebaõigel moel rääkimist.

Me võime näha, kui hirmus on valetunnistust anda, näiteks siis, kui me vaatleme kohtuprotsesse. Kuna tunnistaja tunnistus mõjutab lõplikku kohtuotsust otseselt, võib vähimgi ettevaatamatu liigutus süütule inimesele suurt ebaõnne põhjustada ja olukord tema jaoks elu- või surmaküsimuseks muutuda.

Selleks, et takistada tunnistajapingi väärkasutust või valetunnistuste halba praktikat, käskis Jumal kohtunikel palju erinevaid tunnistajaid üle kuulata, et juhtumi kõiki külgi korrektselt mõista, et kohtunikud võiksid langetada tarku ja diskreetseid otsuseid. Sellepärast Ta käskis tunnistajatel ja kohtunikel kaalutlevalt ja ettevaatlikult toimida.

5. Moosese raamatus 19:15 ütleb Jumal: *„Ärgu astugu kellegi vastu üles ainult üks tunnistaja mõne süüteo või mõne patu pärast, ükskõik missuguse tehtud patu pärast – alles kahe või kolme tunnistaja sõna põhjal saab asi selgeks."* Ta jätkab 16.-20. salmis: *„Kui tunnistaja on valetunnistaja, kes on valet tunnistanud oma venna kohta"*, siis tuleb temaga talitada nõnda, kuidas tema mõtles talitada oma vennaga.

Peale taoliste tõsiste juhtumite, kus keegi põhjustab kaasinimesele suurt kahju, on väga palju muid juhtumeid, kus inimesed räägivad oma ligimestest igapäevaelus siin ja seal väikeseid valesid. Isegi kui ligimese kohta ei valetata, kui olukorras, kus ligimese kaitseks tuleks tõde rääkida, seda ei tehta, võib ka seda valetunnistuse andmiseks pidada.

Kui teist inimest süüdistatakse meie tehtud vale asja eest ja me oleme vait, sest me kardame ise probleemidesse sattuda, kuidas siis saab meil olla puhas südametunnistus? Jah, Jumal keelab meil valetamise, aga Ta käskis meil ka ausa südamega olla, et meie sõnad ja teod peegeldaks samuti meelepuhtust ja tõde.

Aga mida arvab Jumal „väikestest hädavaledest", mida me räägime kellegi trööstimiseks või parema enesetunde andmiseks?

Näiteks, võib-olla me oleme sõbral külas ja ta küsib, kas me oleme juba söönud. Ja isegi kui me ei ole söönud, me vastame, et jah, me sõime varem, et sõbrale tüli mitte tekitada. Aga sel puhul peaksime me siiski tõde rääkima ja ütlema: „Ei, ma ei ole söönud, aga ma ei taha praegu süüa."

Isegi Piiblis on „pisikeste hädavalede" näited.

2. Moosese raamatu 1. peatükis on juhtum, kus Egiptuse valitseja on närviline, sest iisraellased on väga arvukaks muutunud ja ta paneb heebrea ämmaemandate peale teatud korralduse. Ta annab neile käsu: *„Kui te heebrea naisi aitate sünnitamisel ja näete sugutunnuseist, et on poeglaps, siis surmake see, aga tütarlaps võib jääda elama!"* (16. salm).

Aga jumalakartlikud heebrea ämmaemandad ei kuulanud Egiptuse valitsejat ja hoidsid meessoost imikud elus. Kui kuningas kutsus ämmaemandad oma jutule ja küsis nende käest: „Mispärast teete nõnda ja jätate poeglapsed elama?", vastasid nad: „Sellepärast et heebrealaste naised pole nagu egiptlaste naised, vaid nad on tublimad: enne kui ämmaemand jõuab nende juurde, on nad sünnitanud."

Samuti, kui Iisraeli esimene kuningas Saul tundis Taaveti peale armukadedust ja püüdis teda tappa, sest inimesed armastasid Taavetit temast rohkem, kasutas Sauli poeg Joonatan tarkust, et Taaveti elu päästa.

Sel juhul, kui inimesed räägivad valet üksnes teise inimese kasuks ja tegelikult heast tahtest ning mitte omakasu pärast, ei karista Jumal neid automaatselt ega ütle, et nad valetasid. Ta on nende vastu armuline täpselt nii nagu Ta suhtus heebrea ämmaemandatesse, sest nad püüdsid heade kavatsustega elusid päästa. Aga kui inimesed jõuavad täielikule headuse tasemele, suudavad nad puudutada oma vastase või selle inimese südant, kellega neil on tegemist ja nad ei pea „väikeseid pisivalesid" rääkima.

Teiseks, sõnumi edastamisel sõnade lisamine või äravõtmine on valetunnistuse andmise teine vorm.

See on juhtum, kus kellegi kohta edastatakse sõnum viisil, mis moonutab tegelikkust — võib-olla, kuna te lisasite oma mõtted või tunded või jätsite teatud sõnad ära. Kui keegi räägib inimestele midagi, kuulab enamik inimestest subjektiivselt, seega info tajumine sõltub väga palju nende oma tunnetest ja minevikukogemustest. Sellepärast võib esialgse kõneleja ettenähtud sõnum kergesti kaduma minna, kui see isik edastab teisele teatud infot.

Aga isegi kui iga viimane kui sõna — kirjavahemärkidega ja terviklikult — edastada täpselt, muutub tähendus vältimatult, sõltudes sõnumitooja intonatsioonist või teatud sõnade rõhutamisest. Näiteks, on suur erinevus kellegi vahel, kes küsib oma sõbralt armastava tooniga: „Miks?" ja kellegi vahel, kes karjub julma näoilmega oma vaenlase peale: „Miks?!"

Sellepärast, mil iganes me kuulame kedagi, peame me püüdma mõista, mida ta räägib, ilma sõnumile igasuguseid isiklikke tundeid lisamata. Sama reegel kehtib siis, kui me teistega räägime. Me peaksime püüdma enesest parimat anda, et esialgse kõneleja sõnumit täpselt edastada — tema kavatsetud tähenduse ja kogu sisuga.

Lisaks, kui sõnumi sisu on ebatõene või ei aita kuulajat ilmtingimata, isegi kui me võime sõnumit täpselt edastada, on parem, kui me seda üldse ei edastaks, sest isegi kui me anname selle heade kavatsustega edasi, võib see sõnumi vastuvõtjale haiget teha ja kui see juhtub, õhutame me inimestevahelist ebakõla.

Matteuse 12:36-37 öeldakse: „*Aga ma ütlen teile, et inimesed peavad kohtupäeval aru andma igast tühjast sõnast, mis nad on rääkinud, sest su sõnadest mõistetakse sind õigeks ja su sõnadest mõistetakse sind süüdi.*" Seega me peaksime hoiduma rääkimast sõnu, mis ei ole tõesed ega Isanda armastuses. See kehtib ka meiepoolse sõnade kuulmise kohta.

Kolmandaks, teiste üle kohtumõistmine ja nende kritiseerimine ilma nende südamest tegelikult aru saamata, on ligimese vastu valetunnistuse andmise vorm.

Inimesed mõistavad üsna sageli oma mõtetest või tunnetest juhindudes kellegi südame või kavatsuste üle kohut, lihtsalt nende näoilme või tegevuse alusel. Nad võivad öelda: „See inimene rääkis seda tõenäoliselt niisuguste mõtetega" või nad võivad öelda: „Tal olid kindlasti taolised kavatsused niimoodi tegutsemiseks."

Oletame, et noor töötaja ei käitunud oma ülevaatajaga liiga heatahtlikult, sest ta oli uue keskkonna tõttu närviline. Ülemus võib arvata: „Uus töötaja tunneb end minu seltskonnas ebamugavalt. Võib-olla tunneb ta ennast nii, sest ma kritiseerisin ja rääkisin temast negatiivselt." See on ülemuse meeles moodustunud väärarusaam, mis põhineb tema oma ettekujutusel. Teisel juhul võib halva nägemisega või sügavas mõttes olev inimene sõbrast mööda jalutada, sõbra juuresolu märkamata. Sõber võib mõtelda: „Ta teeb näo, et ta isegi ei tunne mind! Ei tea, kas ta on minu peale vihane."

Ja kui keegi teine on täpselt samasuguses olukorras, võib ta ometi teistmoodi reageerida. Igaühel on erinevad mõtted ja tunded ja seega igaüks reageerib teatud olukordades erinevalt. Seetõttu, kui igaüks on sama raskes olukorras, on igaühel sellest ülesaamiseks erineval määral jõudu. Sellepärast ei või me kellegi üle, keda me valu tõttu kannatamas näeme, kunagi oma valutaluvuse taseme alusel kohut mõista ja mõtelda: „Miks ta puhub niisuguse tühiasja nii suureks?" Teise inimese südant ei ole lihtne täielikult mõista — isegi kui teda tõesti armastada ja temaga lähedases suhtes olla.

Pealegi, on palju muid viise, kuidas inimesed mõistavad teiste üle kohut ja saavad neist valesti aru, pettuvad neis ja viimaks mõistavad neid hukka...üksnes seetõttu, et nad mõistsid teiste üle oma mõõdupuu alusel kohut. Kui me mõistame omaenda mõõdupuu alusel teise inimese üle kohut ja arvame, et ta kavatseb oma südames mingit teatud asja, isegi kui see pole tõde ja räägime siis temast negatiivselt, anname me tema kohta valetunnistust. Ja kui me osaleme niisuguses teos, ebatõde kuulates ja mingi teatud isiku kohtumõistmisele ja hukkamõistule oma osa andes, siis me sooritame taas oma ligimese vastu valetunnistuse andmise pattu.

Enamik inimesi arvavad, et kui nad ise mingis olukorras kurjalt käituksid, siis teised teeksid samas olukorras olles sedasama. Kuna neil on petlik süda, arvavad nad, et ka teistel on petlik süda. Kui nad näevad teatud olukorda või vaatepilti ja mõtlevad kurja, arvavad nad: „Ma vean kihla, et ka sellel inimesel on kurjad mõtted." Ja kuna nad ise vaatavad teisi üleolevalt, arvavad nad: „See inimene vaatab mind üleolevalt. Ta on kõrk."

Sellepärast öeldakse Jakoobuse 4:11: *„Ärge halvustage üksteist, vennad! Kui keegi halvustab või arvustab oma venda, siis ta halvustab ja arvustab Seadust. Kui sa aga Seadust arvustad, siis sa ei ole Seaduse täitja, vaid kohtunik."* Kui keegi mõistab kohut või laimab oma venda, tähendab see, et ta on uhke ja tahab lõpuks Kohtumõistjast Jumala sarnane olla.

Ja tähtis on teada, et kui me räägime kaasinimeste nõrkustest ja mõistame nende üle kohut, teeme me palju kurjemat pattu.

Matteuse 7:1-5 kirjutatakse: *"Ärge mõistke kohut, et teie üle ei mõistetaks kohut, sest mis kohtuga teie kohut mõistate, sellega mõistetakse kohut teiegi üle, ja mis mõõduga teie mõõdate, sellega mõõdetakse ka teile! Aga miks sa näed pindu oma venna silmas, palki iseenese silmas aga ei märka? Või kuidas sa võid oma vennale öelda: „Lase ma tõmban pinnu sinu silmast välja!" ja ennäe, sul endal on silmas palk? Sa silmakirjatseja, tõmba esmalt palk oma silmast välja, ja siis sa näed pindu oma venna silmast välja tõmmata!"*

Me peame veel väga ettevaatlikud olema, et me ei mõistaks Jumala Sõnade üle kohut omaenda mõtete alusel. Mis on võimatu inimesele, on võimalik Jumalale, seega, me ei tohiks kunagi ütelda et miski, mis puudutab Jumala Sõnu, oleks vale.

Valetamine liialdamise või tõe vähendamise teel

Inimestel on halbade kavatsusteta kalduvus igapäevaselt liialdada või tõde väiksemana esitada. Näiteks, kui keegi sõi palju toitu, võime me öelda, et ta sõi kõik ära. Ja kui veidi toitu on ikkagi alles jäänud, võime me öelda, et raasugi pole üle jäänud. On isegi kordi, kus me ütleme pärast kolme või nelja inimese nõusolekut, et kõik olid asjaga päri.

Samamoodi on asju, mida paljud valeks ei pea, aga mis on tegelikult valed. On isegi juhtumeid, kus me räägime olukorrast, mille kohta meil puudub täielik teadmine ja selle tulemusel räägime me valet.

Näiteks, ütleme, et keegi küsib, kui palju töötajaid teatud ettevõtte heaks töötab ja me vastame: „Seal on nii palju inimesi" ja siis me loeme inimesed hiljem üle ja saame aru, et tegelik arv on erinev. Isegi kui me ei valeta tahtlikult, rääkisime me ikkagi valesti, sest meie sõnad erinesid tõest. Seega, niisugusel juhul on küsimusele parem vastata: „Ma ei tea täpset arvu, aga ma arvan, et seal oli umbes niisugune arv inimesi."

Muidugi me ei püüdnud niisuguste juhtumite korral tahtlikult kurjade kavatsustega valetada ega teiste üle kurja südamega kohut mõista. Aga kui me näeme isegi vähimat märki niisugustest mõtetest või tegudest, on hea asja tuumaga tegeleda. Inimene, kelle süda on täidetud tõega, ei lisa ega vähenda tõde, hoolimata sellest, kui väikese asjaga tegu ka ei oleks.

Väga tõene ja aus inimene võib tõde tõe pähe võtta ja nõnda ka esitada. Seega, isegi kui miski on väga väike ja tähtsusetu, kui me näeme end sellest isegi vähimagi vale aimdusega rääkivat, peaksime me teadma, et see tähendab, et meie süda ei ole veel täiesti tõega täitunud. Ja isegi kui meie süda ei ole täiesti tõega täitunud, tähendab see, et eluohtlikus olukorras olles oleme me täiesti suutelised kaasinimesele kahju tegema nende kohta valetades.

Nii nagu kirjutatakse 1. Peetruse 4:11: *„Kui keegi räägib,* *siis ta rääkigu nagu Jumala sõnul"*, tuleks meil püüda ebatõeste sõnadega mitte valetada ega naljatada. Hoolimata sellest, mida me räägime, me peaksime alati tõeselt rääkima, otsekui räägiksime me Jumala enese sõnu. Ja me suudame seda teha, kui me palvetame tuliselt ja saame Püha Vaimu käest juhatust.

11. peatükk

Kümnes käsk

„Sa ei tohi himustada oma ligimese koda!"

2. Moosese raamat 20:17

„Sa ei tohi himustada oma ligimese koda! Sa ei tohi himustada oma ligimese naist, sulast ega teenijat, härga ega eeslit ega midagi, mis su ligimese päralt on!"

Kas te teate Aisopose kuulsate valmide seast lugu hanest, kes munes kuldmune? Kord elas väikeses külas üks talumees, kes sai omale imeliku hane. Kui ta mõtles, mida selle hanega peale hakata, juhtus midagi väga šokeerivat.

Hani munes igal hommikul kuldmuna ja ühel päeval mõtles talunik: „Selle hane sees on tõenäoliselt palju mune." Ja talunik muutus äkitselt isekaks ja tahtis väga palju kulda omale saada, et ta saaks otsekohe rikkaks, selle asemel et iga päev ühe kuldmuna munemist oodata.

Ja kui taluniku ahnus jõudis viimase piirini, lõikas ta hane lõhki ja avastas, et hane sees ei olnud kullakübetki. Sel hetkel sai talunik aru, et ta eksis ja kahetses oma tegu, kuid oli juba liiga hilja.

Selle sarnaselt ei ole inimese ahnusel piiri. Hoolimata sellest, kui palju jõgesid ookeani ka ei voolaks, ookean ei täitu iialgi. Inimese ahnus on samasugune. Hoolimata sellest, kui palju inimesel vara on, ta ei ole kunagi täiesti rahul. Me näeme seda iga päev. Kui kellegi ahnus muutub väga suureks, ei tunne ta üksnes oma omandi suhtes rahulolematust, vaid ta muutub ka ahneks ja püüab ka teiste omandit omastada, isegi kui see tähendab kurjade meetodite kasutusele võtmist. Siis ta lõpetab tõsist pattu tehes.

„Sa ei tohi himustada oma ligimese koda"

„Ahnus" tähendab millegi soovimist, mis inimesele ei kuulu

ja siis ebaõigelt kellegi teise vara omastada püüdmist või südant, mis soovib kõiki lihalikke asju maailmas.

Enamik kuritegusid saab alguse saamahimulisest südamest. Ahnus võib panna inimesed valetama, varastama, röövima, petma, vara ebaseaduslikult omastama, tapma ja igasuguseid muid kuritegusid sooritama. Esineb ka juhtumeid, kus inimesed üksnes ei himusta materiaalseid asju, aga ka ametiseisundit ja kuulsust.

Niisuguse ahne südame tõttu muutuvad vahel õdede-vendade suhted, vanemate ja laste suhted ning isegi abikaasade vahelised suhted vaenulikuks. Mõnedest perekondadest saavad vaenlased ja selle asemel, et tões õnnelikku elu elada, muutuvad inimesed armukadedaks ja kadestavad neid, kellel on neist enam.

Sellepärast hoiatab Jumal meid kümnenda käsuga ahnuse eest, mis rajab tee pattu. Lisaks, Jumal tahab, et me mõtleksime sellest, mis on ülal (Koloslastele 3:2). Üksnes igavest elu taotledes ja südant taevalootusega täites võib leida tõelist rahuldust ja rõõmu. Ükses siis suudame me ahnusest vabaneda. Luuka 12:15 öeldakse: *„Vaadake ette ja hoiduge igasuguse ahnuse eest, sest külluseski ei olene kellegi elu sellest, mis tal on!"* Nii nagu Jeesus ütles, üksnes siis, kui me vabaneme igasugusest ahnusest, jätame me patustamise ja oleme seega igavese elu osalised.

Protsess, kus ahnus tuleb esile patu näol

Aga kuidas saab ahnusest patutegu? Ütleme, et te külastasite äärmiselt rikast kodu. Maja on marmorist ja täiesti hiiglasuur. Maja on samuti täis igasuguseid luksuslikke asju. Sellest piisab, et pannna inimest ütlema: „See maja on imetlusväärne. See on imekaunis!"

Kuid paljud inimesed ei peatu pärast niisugust kommentaari. Nad jätkavad mõtlemist: „Ma soovin, et mul oleks niisugune maja. Ma soovin, et ma oleksin sama rikas kui tema....." Muidugi, tõelised usklikud ei lase sellisel mõttel vargusemõtteks areneda. Aga mõttega: „Ma soovin, et ka minul oleks see" võib inimsüdamesse minna ahnus.

Ja kui ahnus pääseb südamesse, on ainult aja küsimus, millal inimene teeb pattu. Jakoobuse 1:15 öeldakse: *„Kui seejärel himu on viljastunud, toob ta ilmale patu, aga täideviidud patt sünnitab surma."* On usklikke, kes jäävad sellele soovile või ahnusele alla ja lõpetavad kuritegevusega.

Joosua 7. peatükis kirjutatakse Aakanist, kellest niisugune ahnus sai võitu ja kes lõpuks karistuseks suri. Joosua, kellest sai Moosese asemel juht, oli Kaananimaad vallutamas. Iisraellased olid just Jeeriko piiramisrõngasse võtnud. Joosua hoiatas oma rahvast ja ütles, et kõik Jeerikos sisalduv oli Jumalale pühendatud ja seetõttu ei tohtinud keegi midagi sealset omale võtta.

Aga Aakan nägi kallist rõivast ja hõbedat ning kulda ja

himustas seda ning peitis need vaikselt enese jaoks ära. Kuna Joosua ei teadnud seda, jätkas ta järgmise linna vallutamist. See oli Ai linn. Kuna Ai oli väikelinn, pidasid iisraellased seda lihtsaks lahinguks. Kuid nad kaotasid hämmastaval kombel. Siis ütles Jumal Joosuale, et see juhtus Aakani patu tõttu. Selle tulemusel pidi Aakaniga koos surema kogu tema perekond ja isegi tema eluskari.

2. Kuningate raamatu viiendas peatükis räägitakse Eliisa sulasest Geehasist, kes sai samuti pidalitõve, sest ta himustas asju, mida ta ei oleks pidanud omama. Väepealik Naaman pesi end seitse korda Jordani jões, nii nagu Eliisa käskis tal teha, et pidalitõvest terveneda. Pärast tervekssaamist tahtis ta Eliisale tänutäheks kingitusi anda. Aga Eliisa keeldus midagi vastu võtmast.

Siis kui väepealik Naaman asutas end kodu poole tagasiteele, jooksis Geehasi talle järele ja teeskles, otsekui Eliisa oleks ta saatnud ning palus mõningaid asju. Ta võttis asjad ja peitis need ära. Sellele lisaks naasis ta Eliisa juurde ja püüdis teda petta, hoolimata sellest, et Eliisa teadis algusest peale, mis tal kavas oli. Ja seega tabas Geehasit Naamani pidalitõbi.

Ananiase ja tema naise Safiiraga läks Apostlite tegude viiendas peatükis samamoodi. Nad müüsid osa oma maavaldusest ja lubasid sellest saadud raha Jumalale anda. Aga kui nad raha kätte said, muutus nende süda ja nad peitsid osa raha iseendi jaoks ära ja tõid ülejäänu apostlitele. Nad ihaldasid raha ja püüdsid apostleid petta. Kuid apostlite petmine oli sama, mis Püha Vaimu petmine, seega nende hing lahkus neist otsekohe ja nad mõlemad surid kohapeal.

Himustav süda viib surmasuhu

Himustamine on suur patt, mis viib lõpuks surmasuhu. Seega on oluline, et me vabaneksime oma südames ahnusest ja kiusatustest ning ahnusest, mis panevad meid soovima maailma lihalikke asju. Mis on selles head, kui saada kõik, mida maailmast tahta, oma elu kaotamise hinnaga?

Vastupidi, kuigi teil ei pruugi olla kogu selle maailma rikkust, kui te usute Isandat ja teil on tõeline elu, olete te tõeliselt rikas inimene. Rikka mehe ja kehviku Laatsaruse tähendamissõnast Luuka 16. peatükis saame me teada, et tõeline õnnistus seisneb pääsemises, pärat ahnest südamest vabanemist.

Rikas mees, kes ei uskunud Jumalat ja kellel puudus taevalootus, elas suurepärast elu — ta riietus hästi, ta sai kõik, mida ta maailmast oma ahnuse läbi soovis ja ta tundis rõõmu lõbusast elust. Teisest küljest, kehvik Laatsarus lamas kerjates rikka mehe väravas. Tema elu oli väga kasin, isegi koerad tulid ja lakkusid haavu ta ihul. Aga ta kiitis kogu südamest Jumalat ja tal oli alati taevalootus.

Lõpuks surid nii rikas mees kui Laatsarus. Inglid viisid kehvik Laatsaruse Aabrahami rüppe, aga rikas mees läks hauda, kus teda piinati. Kuna tal oli väga suur janu piina ja tule tõttu, soovis rikas mees vaid ühte veepiiska, kuid ta ei saanud isegi sellele soovile vastust.

Oletame, et rikas mees oleks saanud teise võimaluse maa peal elada. Ta oleks tõenäoliselt valinud taevase igavese el kasuks, isegi kui see oleks tähendanud vaest maapealset elu. Ja kui keegi, kes elab siin väga suurte vajadustega elu, nagu Laatsarus, õpib Jumalat kartma ja Tema valguses elama, võib ka tema saada oma maapealse elu ajal materiaalse rikkuse õnnistuse.

Pärast oma naise Saara surma tahtis usuisa Aabraham osta Makpela koobast, et oma naine sinna matta. Koopa omanik lubas tal koopa tasuta saada, kuid Aabraham keeldus koobast tasuta võtmast ja maksis selle eest täishinna. Ta tegi seda, sest ta südames ei olnud vähimatki ahnuseraasu. Kui see ei oleks talle kuulunud, ei oleks ta saanud mõteldagi selle omamise peale (1. Moosese raamat 23:9-19).

Lisaks, Aabraham armastas Jumalat ja kuuletus Tema Sõnale, ta elas ausat ja meelepuhast elu. Sellepärast õnnistati Aabrahami tema maapealse elu ajal mitte vaid materiaalse rikkusega, aga ka pika elu, kuulsuse, võimu, järglaste ja veelgi rohkemaga. Teda õnnistati isegi vaimselt ja kutsuti „Jumala sõbraks."

Vaimsed õnnistused ületavad kõiki materiaalseid õnnistusi

Vahel inimesed küsivad uudishimulikult: „See inimene näeb väga hea usklik välja. Kuidas on võimalik, et ta ei ole väga õnnistatud?" Kui see inimene oleks tõeline Kristuse järgija ja elaks iga päev tõelise usuga, näeksime me seda, kuidas Jumal õnnistaks teda parimaga.

Nii nagu kirjutatakse 3. Johannese 1:2: *„Armas, soovin sulle, et sul läheks igati hästi ja sa oleksid terve, nõnda nagu läheb hästi su hingel."* Jumal õnnistab meid nii palju, et meie hinge lugu on eelkõige hea. Kui me elame Jumala pühade laste taoliselt ja vabaneme oma südames igasugusest kurjusest ning täidame Tema käsuseadusi, õnnistab Jumal meid kindlasti nii, et meie elus läheb kõik hästi ja meil on hea tervis.

Aga kui keegi, kelle hinge lugu ei ole hea, näib palju materiaalseid õnnistusi saavat, ei saa me väita, et tegu on Jumala õnnistusega. Sel juhul võib ta rikkus tegelikult temas ahnust tekitada. Tema ahnus võib sünnitada pattu ja siis võib ta Jumalast omakorda ära langeda.

Rasketes oludes võivad inimesed puhta südamega Jumalast sõltuda ja Teda usinalt armastusega teenida. Aga liiga sageli hakkab inimsüda pärast ettevõtmises või tööl õnnistatud saamist rohkem maailma asju soovima ja nad vabandavad end välja, sest neil on liiga kiire ja nad lõpetavad Jumalast kaugele minnes.

Kui nende tulu või sissetulek on väike, annavad nad tänuga kogu südamest oma kümnise, aga kui sissetulek suureneb ja kümnis peaks ka suurenema, on nende südamel lihtne kõikuma hakata. Kui meie süda muutub niimoodi ja me kasvame Jumala Sõnadest lahku ja muutume lõpuks ilmaliku maailma laadseteks inimesteks, võiks saadud õnnistus tegelikult meile õnnetuse lõpuks kaela tuua.

Aga need, kelle hinge lugu on hea, ei himusta selle maailma asju ja isegi kui Jumal õnnistab neid au ja varaga, ei tee see neid ahnemaks. Ja nad ei nurise ega kurda lihtsalt seetõttu, et neil oleks selle maailma headest asjadest puudust, sest nad on valmis Jumalale andma kõik, mis neil on — kaasa arvatud oma elu.

Inimesed, kelle hinge lugu on hea, valvavad oma usku ja teenivad Jumalat, hoolimata oma olukordadest, kasutades Jumalalt saadud õnnistusi Tema riigi ja au jaoks. Ja kuna rikka hingega inimestel ei ole vähimatki kalduvust maailmalike rõõmude tagaajamiseks ega eksirännakuteks meelelahutuste otsingutel ega surma teed mööda minekuks, õnnistab Jumal neid küllaga ja veelgi enam.

Sellepärast on vaimsed õnnistused selle maailma udu kombel kaduvatest füüsilistest õnnistustest palju olulisemad. Ja seega me peame kõigepealt vaimsed õnnistused saama.

Me ei tohiks Jumala õnnistusi oma maailmalike soovide rahuldamiseks kunagi taotleda

Isegi kui me ei ole veel oma hinge hea loo näol vaimseid õnnistusi saanud, kui me jätkame õiglast elu ja Jumala usus otsimist, täidab Ta meie vajaduse õige aja saabudes täielikult. Inimesed paluvad, et midagi juhtuks otsekohe, aga kõige jaoks taeva all on oma aeg ja kestus ja Jumal teab parimat aega. On ajad, mil Jumal laseb meil oodata, et Ta võiks meid isegi rohkem õnnistada.

Kui me palume Jumala käest midagi tõelise usuga, siis me saame väe pidevaks palveks, kuni me saame palvevastuse. Aga kui me palume Jumala käest midagi oma lihalike soovide rahuldamiseks, siis me ei saa tõeliselt uskumiseks usku, hoolimata sellest, kui palju me ka ei palvetaks ja me ei saa Temalt palvevastust.

Jakoobuse 4:2-3 öeldakse: „*Te himustate, ja teil ei ole; te taplete ja tapate, ja ei suuda midagi saavutada; te tülitsete ja sõdite. Teil ei ole, sest te ei palu. Te palute, aga ei saa, sest te palute halva jaoks, tahtes seda kulutada oma lõbudeks.*" Jumal ei saa meie palvetele vastata, kui me palume midagi oma maailmalike soovide rahuldamiseks. Kui noor õpilane palub vanematelt raha, et osta midagi, mida ta ostma ei peaks, siis vanemad ei anna talle raha.

Sellepärast ei tohiks me oma mõtete alustel palvetada ja asju taotleda, vaid selle asemel peaksime me Püha Vaimu väega taotlema asju, mis on Jumala tahtega kooskõlas (Juuda

1:20). Püha Vaim tunneb Jumala südant ja Ta saab aru Jumala sügavustest; seega, kui te sõltute palves Püha Vaimu juhatusest, võite te igale palvele kiiresti Jumalalt vastuse saada.

Seega, kuidas me sõltume Püha Vaimu juhatusest ja palume Jumala tahte kohaselt?

Esiteks tuleb meil Jumala Sõnaga relvastuda ja Tema Sõna oma elus kasutada, et me süda võiks Jeesuse Kristuse südame moodi olla. Kui meil on Kristuse moodi süda, palvetame me loomulikult Jumala tahte kohaselt ja me võime kiiresti kõigile palvetele vastused saada, sest Püha Vaim, kes tunneb Jumala südant, valvab meie südant ja me võime paluda asju, mida me tõesti vajame.

Täpselt nii nagu öeldakse Matteuse 6:33: *„Aga otsige esmalt Jumala riiki ja Tema õigust, siis seda kõike antakse teile pealegi!"*, otsige esmalt Jumalat ja Tema riiki ja siis paluge seda, mida te vajate. Kui te palute, esiteks Jumala tahet otsides, kogete te, kuidas Jumal valab teie elu üle oma õnnistused, et teie karikas voolab üle kõigest maa peal vajaminevast ja teil on enam kui küllalt.

Sellepärast peaksime me Jumalat pidevalt tõeselt ja kogu südamest paluma. Kui te talletate iga päev Püha Vaimu juhatusel vägevaid palveid, saate te igaveseks oma südames igasugusest ahnusest või patuloomusest lahti ja te saate iga palvevastuse.

Apostel Paulus oli Rooma keisririigi kodanik ja õppis Gamaalielilt, kes oli tolle aja parim ja tuntuim õpetlane. Aga Paulust ei huvitanud selle maailma asjad. Ta pidas Kristuse pärast kogu olemasolevat pühkmeiks. Pauluse kombel on meil üle kõige vaja Jeesuse Kristuse õpetust ehk tõesõnu armastada ja soovida.

Kui me saame kogu maailma rikkuse, au, võimu jne ja meil ei ole igavest elu, mis meil kõigest sellest kasu on? Aga kui me jätame apostel Pauluse moodi kogu maailma rikkuse ja elame oma elu Jumala tahte kohaselt, õnnistab Jumal meid kindlasti nii, et meie hinge lugu on hea. Ja siis kutsutakse meid Taevas „suureks" ja me oleme ka igas oma eluvaldkonnas edukad.

Seega ma palun, et te vabaneksite oma südames ja elus igasugusest ahnusest ja saamahimust, püüdes oma taevalootust talletades samaaegselt usinalt rahulduda juba olemasolevaga. Siis ma tean, et te elate alati tänust ja rõõmust tulvil elu.

12. peatükk

Jumalas püsimise seadus

Õpetussõnad 8:17

„Mina armastan neid, kes armastavad mind, ja kes otsivad mind, need leiavad minu."

Matteuse 22. peatükis on juhtum, kus üks variser küsib Jeesuse käest, milline käsk on käsuseaduses suurim.

Jeesus vastas: *„Jeesus vastas talle: „Armasta Isandat, oma Jumalat, kogu oma südamega ja kogu oma hingega ja kogu oma mõistusega!" See ongi suurim ja esimene käsk. Teine on selle sarnane: „Armasta oma ligimest nagu iseennast!" Neis kahes käsus on koos kogu Seadus ja Prohvetid"* (Matteuse 22:37-40).

See tähendab, et kui me armastame Jumalat kogu südamest ja kogu hingest ja kogu oma meelega ja me armastame oma ligimest nagu iseennast, võime me lihtsalt ka kõiki muid käsuseadusi täita.

Kui me tõesti Jumalat armastame, kuidas me saame teha patte, mida Jumal põlastab? Ja kui me armastame oma ligimest nagu iseend, kuidas me võime neile kurja teha?

Miks Jumal andis meile oma käsud

Aga miks pidi Jumal nägema vaeva ja andma meile kõik kümme käsku, selle asemel, et lihtsalt käskida meil Jumalat armastada ja armastada oma ligimest nagu iseennast?

Ta tegi seda, kuna Vana Testamendi ajal, enne Püha Vaimu ajastust, oli inimestel raske oma tahtega kogu südamest tõeliselt armastada. Sellepärast juhatas Jumal iisraellasi kümne käsuga, mis oli neile täpselt piisavaks sundusvahendiks, et kümnele käsule kuuletuda. Jumal juhatas nad ennast armastama ja jumalakartlik olema ja tegudega oma ligimesi armastama.

Siiani vaatlesime me lähemalt iga üksikut käsku, aga vaatame nüüd neid käske kahe suure rühmana: jumalaarmastus ja ligimesearmastus.

1.-4. käsku võib kokku võtta kui: „Armasta Isandat, oma Jumalat, kogu oma südamest ja kogu oma hingest ja kogu oma mõistusega!" Üksnes Looja Jumala teenimine, ebajumalate mitte valmistamine ja nende mitte kummardamine, ettevaatlikkus, et Jumala nime mitte valesti kasutada ja hingamispäeva pühitsemine on Jumala armastamise viisid.

5.-10. käsku võib kokku võtta kui: „Armasta oma ligimest nagu iseennast!" Nii vanemate austamine, hoiatus tapmise, varguse, valetunnistuse andmise, himustamise jms eest on teiste ehk meie ligimeste vastaste kuritegude takistamise viisid. Kui me armastame oma ligimest nagu iseennast, ei taha me, et nad kannataksid valu, seega me peaksime suutma nendele käskudele kuuletuda.

Me peame Jumalat kogu südamest armastama

Jumal ei sunni meid oma käskudele kuuletuma. Ta juhatab

meid, et me kuuletuksime neile armastusest, mida me Tema vastu tunneme.

Roomlastele 5:8 kirjutatakse: *„Ent Jumal teeb nähtavaks oma armastuse meie vastu sellega, et Kristus suri meie eest, kui me olime alles patused."* Jumal demonstreeris oma suurt armastust meie vastu esimesena.

Raske on leida kedagi, kes suuviks hea või õiglase inimese või isegi lähedase sõbra eest surra, aga Jumal saatis oma ainsa Poja Jeesuse Kristuse patuste eest surma, et teha neid vabaks needusest, mille all nad käsuseaduse kohaselt olid. Seetõttu näitas Jumal armastust, mis ületas õigluse.

Nii nagu kirjutatakse Roomlastele 5:5: *„Aga lootus ei jäta häbisse, sest Jumala armastus on välja valatud meie südamesse Püha Vaimu läbi, kes meile on antud"*, annab Jumal Püha Vaimu anni kõigile Jeesuse Kristuse vastuvõtnud jumalalastele, et nad võiksid Jumala armastust täielikult mõista.

Sellepärast suudavad usu läbi pääsenud ja veega ning Püha Vaimuga ristitud Jumalat armastada mitte vaid oma mõistusega, vaid tõesti kogu südamest, mis laseb neil tõelisest armastusest Tema vastu Ta käsuseadusi pidada.

Jumala algne tahe

Esialgu lõi Jumal inimesed, sest Ta soovis saada tõelisi lapsi, keda armastada ja kes Teda oma vabast tahtest vastu armastaksid. Aga kui keegi kuuletub kõigile Jumala käsuseadustele, aga ta ei armasta Jumalat, kuidas saaks teda tõeliseks jumalalapseks pidada?

Palgaline, kes töötab tasu eest, ei saa oma tööandja ettevõtet päranduseks, aga ettevõtja laps, kes erineb palgalisest täiesti, võib ettevõtte pärida. Samamoodi võivad kõigi Jumala käsuseaduste pidajad saada kõik Ta lubatud õnnistused, aga kui nad Jumala armastust ei mõista, ei saa nad tõelised jumalalapsed olla.

Seetõttu pärib inimene, kes mõistab Jumala armastust ja peab Ta käsuseadustest kinni, Taeva ja võib elada tõelise jumalalapsena Taeva kõige ilusamas osas. Ja Isa kõrval elades võib ta igavesti elada aus, mis on ere nagu päike.

Jumal tahab, et kõik inmesed, kes on Jeesuse Kristuse vere läbi pääsenud ja armastavad Teda kogu südamest, elaksid Temaga Uues Jeruusalemmas, kus asub Tema aujärg ja armastaksid Teda igavesti. Sellepärast ütles Jeesus Matteuse 5:17: *„Ärge arvake, et ma olen tulnud Seadust või Prohveteid tühistama. Ma ei ole tulnud neid tühistama, vaid täitma."*

Tõend sellest, kui palju me Jumalat armastame

Niimoodi saame me alles pärast seda, kui me mõistame tõelist põhjust, miks Jumal andis meile oma käsuseadused, täita käsuseaduse armastusest, mida me tunneme Jumala vastu. Kuna meil on käsuseadused või seadused, võime me füüsiliselt demonstreerida „armastust", mis on abstraktne mõiste ja mida on silmaga raske näha.

Kui mõned inimesed ütleksid: „Jumal, ma armastan Sind kogu südamest, palun õnnista nüüd mind", kuidas saaks õigluse Jumal nende väidet kinnitada, kui poleks mõõdupuud, mille alusel neid enne õnnistamist kontrollida? Kuna meil on mõõdupuu – käsuseadused või Seadus, võime me näha, kas nad armastavad Jumalat tõesti kogu südamest. Kui nad väidavad huultega, et nad armastavad Jumalat, aga ei pea hingamispäeva nii nagu Jumal meil seda pidada käskis, siis me võime näha, et nad ei armasta tegelikult Jumalat.

Seega Jumala käsuseadused on mõõdupuu, mille alusel me saame kontrollida või näha meie jumalaarmastuse suuruse tõendit.

Sellepärast öeldakse 1. Johannese 5:3: *„See ongi Jumala armastamine, et me peame Tema käske, ja Tema käsud ei ole rasked."*

Ma armastan neid, kes armastavad mind

Õnnistused, millega Jumal õnnistab meid sellepärast, et me täidame Ta käsuseadusi, ei kao ega hääbu.

Näiteks, mis juhtus Taanieliga, kes oli Jumalale oma tõelise usuga meelepärane ja kes ei läinud kunagi maailmaga kompromissile?

Taaniel oli esialgselt Juuda suguharust ja kuningliku perekonna järglane. Aga kui Lõuna-Juuda tegi Jumala vastu pattu, tungis Paabeli kuningas Nebukadnetsar 605 e.m.a. esimest korda riiki. Sel ajal viidi Taaniel, kes oli väga noor, Paabelisse vangi.

Kuninga kultuuripoliitika tõttu valiti Taaniel ja mitu muud noormeest, kes olid samuti vangid, kuningas Nebukadnetsari paleesse elama ja neid koolitati kolme aasta jooksul kaldelaste moodi.

Sellel ajal palus Taaniel, et talle ei antaks kuninglikult laualt igapäevast rooga ja veini, sest ta kartis rüvetada end toiduga, mida Jumal keelas tal süüa. Vangivõetuna ei olnud tal õigust kuninga määratud toidust keelduda, aga Taaniel tahtis teha seda, mida ta suutis, et Jumala ees oma usupuhtust hoida.

Ja kui Jumal nägi Taanieli siirast südant, puudutas Ta valveametniku südant, nii et Taaniel ei pidanud kuninga rooga sööma ega veini jooma.

Ja aja joksul tõusis Taaniel, kes pidas Jumala käskudest põhjalikult kinni, paganarahva Paabeli peaministriks. Kuna Taanieli usk oli vankumatu, oli Jumalal tema üle hea meel. Seega, isegi siis, kui riigid ja kuningad vahetusid, püsis Taaniel igati suurepärane ja Jumal armastas teda jätkuvalt.

Need, kes otsivad mind, leiavad minu

Me võime näha niisugust õnnistust tänapäeval. Me võime näha, kuidas Jumal õnnistab ülevoolavate õnnistustega igaüht, kellel on usk nagu Taanielil, kes ei läinud maailmaga kompromissile ja kes pidas Jumala käsuseadusi rõõmuga.

Umbes kümme aastat tagasi töötas üks meie vanematest riigi ühes kõige tipus olevas finantsettevõttes. Ettevõttes olid pidevad koosolekud, kus klientidega nende ligimeelitamiseks joodi ja nädalavahetusel olid kohustuslikud golfimängud. Sel ajal oli meie kogudusevanem diakon ja pärast selle positsiooni saamist ja Jumala armastusest tõesti arusaamist, ei joonud ta kunagi oma klientidega ja ei jätnud kunagi pühapäeviti Jumalat ülistama tulemata, hoolimata ettevõtte maailmalikest kommetest.

Ühel päeval ütles ettevõtte tegevjuht talle, et ta valiks selle ettevõtte või oma koguduse vahel. Ta oli iseloomu poolest kindlameelne ja ei mõtelnud hetkegi enne vastamist. „See ettevõte on minu jaoks tähtis, aga kui ma pean selle ettevõtte ja oma koguduse vahel valima, valin ma oma koguduse kasuks."

Imekombel puudutas Jumal tegevjuhi südant ja pani kogudusevanemasse suurema usaldustaseme ja ta sai lõpuks ametikõrgendust. See ei olnud kõik. Varsti pärast seda edutati teda mitu korda ja kogudusevanemast sai ettevõtte tegevjuht!

Seega, kui me armastame Jumalat ja püüame Tema käsuseadustest kinni pidada, tõstab Jumal meid üles ja laseb meil kõiges suurepärane olla ning õnnistab iga meie eluvaldkonda.

Jumala tõotussõnad aja jooksul, erinevalt ühiskonna seadustest. Hoolimata sellest, millisel ajal me elame ja hoolimata sellest, kes me oleme, kui me lihtsalt kuuletume ja elame Jumala sõnade kohaselt, võime me saada Jumala lubatud õnnistused.

Jumalasse jäämise seadus

Seega kümnes käsus ehk Seaduses, mille Jumal andis Moosesele, õpetatakse meile mõõdupuud, millega me võime Jumala armastuse ja õnnistuste osaliseks saada.

Ja nii nagu kirjutatakse Õpetussõnades 8:17: *„Mina armastan neid, kes armastavad mind, ja kes otsivad mind, need leiavad minu"*, me võime Jumala armastuse ja õnnistuste osaliseks saada vastavalt sellele, kui palju me Tema käsuseadustest kinni peame.

Jeesus ütles Johannese 14:21: *„Kellel on minu käsud ja kes* *neid peab, see ongi see, kes armastab mind. Aga kes armastab mind, seda armastab mu Isa, ja mina armastan teda ning näitan talle ennast."*

Kas Jumala käsuseadused tunduvad rasked või pealesurutavad? Aga kui me tõesti armastame Jumalat kogu südamest, suudame me neile kuuletuda. Ja kui me kutsume end jumalalasteks, peaksime me neist loomulikult kinni pidama.

Niimoodi saadakse Jumala armastuse osaliseks, see on Jumalaga olemise ja Temaga kohtumise ning Temalt palvevastuste saamise viis. Kõige olulisem on see, et Tema käsuseadus hoiab meid patu eest ja viib meid edasi päästeteel – seega, Tema käsuseadus on väga suur õnnistus!

Usuisad nagu Aabraham, Taaniel ja Joosep olid õnnistatud, sest nad pidasid Jumala käsuseadusest tugevasti kinni ja neid ülendati kõrgele rahvaste üle. Nad olid õnnistatud sisse tulles ja välja minnes. Nad ei kogenud vaid kogu oma maapealses elus niisuguseid õnnistusi, vaid nad olid õnnistatud isegi Taevas ja võisid minna ausse, mis oli kirgas nagu päike.

Ma palun meie Isanda nimel, et te pööraksite pidevalt oma kõrvad Jumala sõnade poole ja tunneksite heameelt Isanda käsuseadusest ja mõtiskleksite selle üle päeval ja ööl ning hoiaksite seeläbi käsuseadusest täielikult kinni.

„Pea silmas, kuidas ma armastan Sinu ettekirjutusi;

*elusta mind, oh Isand,
oma armastuse kohaselt.
Neil, kes armastavad Sinu seadust, on suur rahu
ja miski ei pane neid komistama.
Ma loodan Sinu pääste peale, Isand
ja teen Sinu käsuseadust.
Las mu keel laulda Sinu Sõna,
sest kõik Su käsud on õigsuses"*
(Psalm 119:159, 165, 166, 172).

Autor:
Dr Jaerock Lee

Dr Jaerock Lee sündis 1943. aastal Muanis, Jeonnami provintsis, Korea Vabariigis. Kahekümnesena oli Dr Lee mitmete ravimatute haiguste tõttu seitse aastat haige ja ootas surma ilma paranemislootuseta. Kuid õde viis ta ühel 1974. aasta kevadpäeval kogudusse ja kui ta põlvitas, et palvetada, tervendas elav Jumal ta kohe kõigist haigustest.

Hetkest kui Dr Lee kohtus selle imelise kogemuse kaudu elava Jumalaga, on ta Jumalat kogu südamest siiralt armastanud ja Jumal kutsus ta 1978. aastal end teenima. Ta palvetas tuliselt, et ta võiks Jumala tahet selgelt mõista ja seda täielikult teha ning kuuletuda kogu Jumala Sõnale. 1982. aastal asutas ta Manmini koguduse Seoulis, Lõuna-Koreas ja tema koguduses on aset leidnud arvukad Jumala teod, kaasa arvatud imepärased tervenemised ja imed.

1986. aastal ordineeriti Dr Lee Korea Jeesuse Sungkyuli koguduse aastaassambleel pastoriks ja neli aastat hiljem – 1990. aastal, hakati tema jutlusi edastama Austraalia, Venemaa, Filipiinide ülekannetes ja paljudes muudes kohtades Kaug-Ida ringhäälingukompanii, Aasia ringhäälingujaama ja Washingtoni kristliku raadiosüsteemi vahendusel.

Kolm aastat hiljem, 1993. aastal, valis *Christian World (Kristliku maailma)* ajakiri (USA) Manmini Keskkoguduse üheks „Maailma 50 tähtsamast kogudusest" ja Christian Faith College *(Kristlik Usukolledž),* Floridas, USA-s andis talle Teoloogia audoktori tiitli ja 1996. aastal sai ta Ph.D. teenistusalase kraadi Kingsway Teoloogiaseminarist Iowas, USA-s.

1993. aastast alates on Dr. Lee juhtinud maailma misjonitööd, viies läbi palju välismaiseid krusaade Tansaanias, Argentinas, L.A.-s, Baltimore City's, Havail ja New York City's USA-s, Ugandas, Jaapanis, Pakistanis, Kenyas, Filipiinidel, Hondurasel, Indias, Venemaal, Saksamaal, Peruus, Kongo Rahvavabariigis, Iisraelis ja Eestis.

2002. aastal kutsuti teda Korea peamistes kristlikes ajalehtedes tema väelise teenistuse tõttu erinevatel väliskoosolekusarjadel „ülemaailmseks äratusjutlustajaks". Ta kuulutas julgelt, et Jeesus Kristus on Messias ja

Päästja eriti „New Yorki 2006. aasta koosolekusarja" käigus, mis toimus maailma kuulsaimal laval Madison Square Gardenis ja mida edastati 220 riiki ja Jeruusalemma rahvusvahelises koosolekukeskuses toimunud „2009. aasta Iisraeli ühendkoosolekute sarja" käigus.

Tema jutlusi edastatakse 176 riiki satelliitide kaudu, kaasa arvatud GCN TV ja ta kuulus Venemaa populaarse kristliku ajakirja In Victory *(Võidukas)* ja uudisteagentuuri Christian Telegraph *(Kristlik Telegraaf)* sõnul 2009. ja 2010. aastal oma vägeva teleedastusteenistuse ja välismaiste koguduste pastoriks olemise tõttu kümne kõige mõjukama kristliku juhi sekka.

2016. aasta maikuust alates koosneb Manmini Keskkogudus rohkem kui 120 000 liikmest. Kogudusel on 10000 sisemaist ja välismaist harukogudust, mille hulka kuuluvad 56 kodumaist harukogudust ja praeguseni on sealt välja lähetatud rohkem kui 102 misjonäri 23 maale, kaasa arvatud Ameerika Ühendriigid, Venemaa, Saksamaa, Kanada, Jaapan, Hiina, Prantsusmaa, India, Kenya ja paljud muud maad.

Tänaseni on Dr. Lee kirjutanud 104 raamatut, kaasa arvatud bestsellerid *Maitsedes Igavest Elu Enne Surma, Minu Elu, Minu Usk I ja II osa, Risti Sõnum, Usu Mõõt, Taevas I ja II osa, Põrgu, Ärka Iisrael!* ja *Jumala Vägi* ja tema teosed on tõlgitud enam kui 76 keelde.

Tema kristlikud veerud ilmuvad väljaannetes *The Hankook Ilbo, The JoongAng Daily, The Chosun Ilbo, The Dong-A Ilbo, The Hankyoreh Shinmun, The Seoul Shinmun, The Kyunghyang Shinmun, The Korea Economic Daily, The Korea Herald, The Shisa News* ja *The Christian Press.*

Dr. Lee on praegu mitme misjoniorganisatsiooni ja –ühingu asutaja ja president, kaasa arvatud Jeesuse Kristuse Ühendatud Pühaduskogudus esimees; Ülemaailmse Kristliku Äratusmisjoni Liidu asutaja; Ülemaailmse Kristliku Võrgu CGN asutaja ja juhatuse esimees; Ülemaailmse Kristlike Arstide Võrgu WCDN asutaja ja juhatuse esimees; Manmini Rahvusvahelise Seminari MIS asutaja ja juhatuse esimees.

Teised kaalukad teosed samalt autorilt

Taevas I & II

Üksikasjalik ülevaade taevakodanike toredast elukeskkonnast keset Jumala au ja taevariigi eri tasemete ilus kirjeldus.

Risti Sõnum

Võimas äratussõnum kõigile, kes on vaimses unes! Sellest raamatust leiate te põhjuse, miks Jeesus on ainus Päästja ja tõeline Jumala armastus.

Põrgu

Tõsine sõnum kogu inimkonnale Jumalalt, kes soovib, et ükski hing ei sattuks põrgu sügavustesse! Te leiate mitte kunagi varem ilmutatud ülevaate surmavalla ja põrgu julmast tegelikkusest.

Vaim, Hing ja Ihu I & II

Teatmik, kust saab vaimse arusaama vaimu, hinge ja ihu kohta ja mis aitab meil avastada oma „mina", milleks meid tehti, et me saaksime pimeduse võitmiseks väe ja muutuksime vaimseks inimeseks.

Usumõõt

Missugune elukoht, aukroon ja tasu on sulle Taevas valmistatud? Sellest raamatust saab tarkust ja juhatust usu mõõtmiseks ja parima ning kõige küpsema usu arendamiseks.

Ärka, Iisrael

Miks on Jumal pidanud Iisraeli maailma algusest kuni tänapäevani silmas? Missugune Jumala ettehoole on lõpuajaks valmistatud Iisraelile, kes ootab Messiase tulekut?

Minu Elu ja Mu Usk I & II

Kõige hõrgum vaimne lõhn, mis tuleb Jumala armastusega õilmitsevast elust keset süngeid laineid, külma iket ja sügavaimat meeleheidet.

Jumala Vägi

Kohustuslik kirjandus, mis on vajalik juhis tõelise usu omamiseks ja Jumala imelise väe kogemiseks.

www.urimbooks.com

www.ingramcontent.com/pod-product-compliance
Lightning Source LLC
LaVergne TN
LVHW041809060526
838201LV00046B/1183